JN301832

楽々建築・楽々都市

"すまい・まち・地球" 自分との関係を見つけるワークショップ

日本建築学会編

技報堂出版

はじめに

コトを知り、理解するには、本などの文字からの情報、または人の話やラジオ・テレビなどの耳から聞く情報が代表的です。しかしこの両方ともに間接的な情報で、知識になり、頭でおぼえていますが、五感を通して体験したこととは、身体に染みつくというか、身体での残り方が違っています。
五官（目、耳、鼻、舌、皮膚）を通じて外界の物事を感ずる視、聴、嗅、味、触の五感を通して感知する体験学習は、環境学習にとって最もふさわしい方法と思います。
五感により体験したことは、同じ体験でも人によって身体での残り方が必ずしも同じとはいえません。そこから、想像の世界につながっていくものが残ります。

環境学習は自然環境の学習、あるいは公害や地球環境問題の学習と捉えられることが多いのですが、我々は、人工的につくられた都市や建築も環境として捉え、ヒトに影響する身の回りの環境、ヒトの外界をつくっている周辺環境を考えています。自分を通して、影響を知ることが大切と考えているからです。人や時間などの環境も外界としての環境ですが、この本では物理的な空間としての外界の環境について学ぶ、環境学習の方法を紹介しています。
建築や都市は、物理的な空間を構築し、人間生活の受け皿をつくっていますが、この技術を習得する際に学習する手法の中には、体験学習的な修養分野があります。1＋1＝2の世界ではなく、3や4にするアイディア、逆に引き算の世界に近づくことを学びます。常に、回答が複数ありながら、独自の解釈をより高度にリアリティを固めていく技術でもあります。これを子どもにもわかりやすいワークショップにプログラムしてみました。
日本建築学会では、1991年より「親と子の都市と建築講座」を開いて、住宅や都市についてのわかりやすい講座を開催してきました。ホームページ「空間・環境チャレンジ講座『楽々建築・楽々都市』」において、それらを紹介しています。その中にはこの本に紹介するプログラムもありますが、詳しい内容まで伝えることができません。
プログラムの開発は、有志が集まり、講座の目的ごとに優れた研究者や建築家に講師をお願いするとともに、子どもの教育に関心の深い若い会員とのコラボレーションで行いました。
この本ではプログラムの実践経過に沿って、わかりやすく編集しました。自然と建築や都市がどのように影響し合っているかを自身の身体で感じ取って、自然と人工環境との関係、さらに自分自身との関係を子どもにも楽しく理解できるものとするよう工夫をしています。
感じて、考え、行動していく能力を育てることにもつながるものです。

日本建築学会

目　　次

1　ワークショップの企画　進め方　成功の鍵 ……………………… 1
5つの講座を理解するために

2　分身モノサシで建築・都市を測ろう ……………………… 21
身体の寸法と空間の寸法の関係を知る

3　人間温度計になろう ……………………… 53
「暑さ・涼しさ」「あたたかさ」のヒミツさがし

4　地図を重ねてまちの"隠れた歴史"を発見しよう ……………… 81
「地図」を片手にタイムスリップ

5　まち歩き☆たんけんたい ……………………… 105
東京下町のまち歩きあそび

6　ボクのワタシの秘密基地づくり ……………………… 131
竹を使ってセルフビルド

子ども教育事業委員会

委員長　小松　尚（名古屋大学准教授）

幹　事　佐藤　将之（早稲田大学講師）
　　　　杉田　早苗（東京工業大学助教）

委　員　略

編著委員会

主　査　村上美奈子（計画工房主宰）

幹　事　杉田　早苗（前掲）
　　　　仲　綾子（仲建築研究所主宰）

委　員　伊藤　泰彦（武蔵野大学准教授）
　　　　小松　尚（前掲）
　　　　佐々木俊太（桶川市）
　　　　佐藤　将之（前掲）
　　　　中田　弾（NPO法人コドモ・ワカモノまちing 副理事長）
　　　　西河　哲也（西河地域計画研究所主宰）

執筆者

第1章　村上美奈子（前掲）
　　　　中田　弾（前掲）
第2章　仲　綾子（前掲）
第3章　伊藤　泰彦（前掲）
　　　　小高　典子（東京工業大学特別研究員）
　　　　谷口　新（大妻女子大学准教授）
第4章　杉田　早苗（前掲）
　　　　西河　哲也（前掲）
　　　　根岸　博之（法政大学教育技術員）
第5章　佐藤　将之（前掲）
　　　　佐々木俊太（前掲）
第6章　小松　尚（前掲）

1 ワークショップの企画　進め方　成功の鍵
５つの講座を理解するために

空間という環境………………… 2
ワークショップへの挑戦………… 3
ワークショップが伝える
　　５つのプログラムのねらい ……… 5
企画の構想………………………10
ワークショップを
　　素晴らしいものに！ ……………11
企画の具体化
　　ープロセスが大事 ………………12
プログラムのながれ ……………13
参加者とのつながり ……………14
プログラムの活用方法……………15
大切なアイスブレイク……………17

空間という環境

●ヒトと空間

空間という環境をどのように捉えたらいいのでしょうか。冬になると、渡り鳥がシベリヤから日本に飛んでくる。これは渡りの空間を含めた生活環境を行き来しているのです。ライオンは草原の中で群のためのテリトリーを定めています。生活するため、領域としての空間の範囲を守っているのです。
ヒトにとって、空間という環境とはどのような関係なのでしょうか。
ヒトは、宇宙に浮かぶ地球上で暮らしていますが、地球のどの位置に住むかにより、自然環境の条件は著しく違います。自然環境とどう向き合って生活するかということから、自然から身を守る構造物―人工環境を形づくって空間の質を変え、ヒトに有利な条件に引き寄せることを行ってきたのが、ヒトと空間との関係といえるのではないでしょうか。
その土地の風土と歴史の流れの中で、つくり育ててきたものが、土地固有の景観や暮らしの風景となっています。その経過に触れることが大切です。

●環境のつくり替え

現代では、建築や土木技術の発達により、自然環境と隔絶し、最適な条件を確保するために整った環境につくり替えるようになってきた傾向があります。住宅などの建物や都市の構造は、自然環境との関係に疎くなり、自然環境に悪影響を与えたりしています。
そのため、与えられている生活環境の仕組みを理解しないで、自然との関係を改善して行こうという発想を抱かなくなっています。
窓を開けて空気を入れ替えるのではなく、24時間換気扇に頼る生活。太陽光パネルを使うことは知っていても、冬は太陽の沈む前に窓を閉めて、部屋の温度を下げないようにする、などといった日常の生活行為は忘れられています。
したがって、ファッション的な思いや、耐久消費材を買うような感覚で住まいを選び、環境としてつくり込んだり使いこなすよりは、完成品を求める傾向があります。
こうしたことから、注文建築の場合、つくり手と使い手とのよい暮らしの環境をつくっていくためのコミュニケーションが、スムーズにいかない状況が見受けられます。

●都市の空間環境

また、都市のあり方についての問題も大きくなっています。
もともと人々の暮らしを支え、便利にするようにつくられた空間としての都市環境でありながら、都市での暮らしは、辛いものになりつつあります。
自動車の排気ガス問題は車両の改良により、解決しつつあります。むしろ道路のコンクリート舗装面が、建築と同様に暖まり、都市が砂漠化していることのほうが解決困難な課題となりつつあります。
都市や建築など人工的な構築物による環境を、与えられたものとして受けとめ、自然との関係をコントロールしてきたということを考えなくなっています。
そして今、人間の欲望の集積により、自然とのバランスを欠くことになったり、過剰にエネルギーを消費して環境を整える状態を生み出しています。
暮らしやすく、自然環境への負荷のかからない、自然と調和した都市空間を取り戻すためには、自然環境と人工環境およびその相互の関係について認識して、都市環境や建築を考え、利便性優先ではない、環境のバランスを考えた暮らしの知恵を身につけることが必要です。

ワークショップへの挑戦 1

●環境を知る感覚

人は、空間の広さや大きさ、質によって、精神に影響を受けやすいところがあります。しかし、それに気がつかないで過ごしている場合も多いのです。

身体で物を感じる、考える、判断するという経験が乏しくなって、鋭敏さを失っているのです。

川や海、山などの自然をじっと毎日くりかえし見つめることもなくなり、観察力も衰えています。季節の変化で川や海の水の色が変わり、水面の変化で、遠くの風を読むという知恵がないばかりか、最近は何か月も夕日の沈むのを見ていないとか、日の出を見たことがない子どももいます。

宇宙ロケットや人工衛星は知っているのに、頭上の空の広がりや変化を見ていないのです。

夕日を見て一日の終わりを知り、明日の天気を予想する生活はどこかにいってしまいました。正確な天気予報が伝えられる時代でも、夕日が落ちていく空を眺めることで得られる心の開放感や感激は貴重な体験と思います。

●空間文化を知る

日本の空間文化―建築文化は、自然の気候風土を受け止め、生活文化として高めていくもので、西洋の建築文化が、自然環境に抗して、征服していくのとは、大きく異なります。窓などの開口部分を大きく取り、外部と内部の関係にいろいろな知恵を用いていました。軒の出を長くし、夏は太陽を遮断し、冬は室内に取り込むことで、室内環境を整えたのです。家の裏に山や林があれば、涼しい空気がつくられるので、その空気を家の中に取り込む空気の流れの仕組みを考えました。

近代化の流れの中で、機能主義や合理主義の建築が国際化したことで、建築についての考え方も変化しました。

今の子育て世代は、高度成長期に子ども時代を過ごしていることもあり、そうした経験が乏しいのは事実で、文化を伝承されていない傾向があります。

しかし、日本の四季の変化が大きく、湿潤な気候風土に適した建築のあり方を見直す動きもあります。

一人ひとりが建築のあり方に判断基準を持って、対処していく時代に差しかかっています。

こんなときにこそ、この本のプログラムを使って欲しいのです。

●感じ、考えるプログラム

感覚は使わないと衰えます。逆に使い方を知ると頻繁に使うようになり、鋭敏に鍛えられていきます。ワークショップは、そのきっかけをつくり出して行くことと考えます。

身体や感覚で理解する体験型のプログラムです。

集団で行うことで、ほかの人の感じ方を知り、同時にたくさんの経験を積むことができます。また、驚きと発見を共感する喜びも味わえるのです。

導入部は誰でもが、入りやすい形を取る必要があります。次第に興味を高めていくことができ、自らいろいろやってみようといった気持ちを遮らない、プログラムの柔軟さも必要です。

到達点を何とするか。皆で共有する理解、感激、希望への道筋がプログラムでしょう。

忘れられない体験、自分の思考を戻すことができる原点、こうした本物に触れる体験は、学校などの学習への興味にもつながります。

●空間文化は、美意識を育てる

日本と西洋の建築文化は「木の文化」と「石の文化」の違いといえます。木は石よりも耐用年数が短いので、建替えることを前提にしており、伊勢神宮の遷宮に象徴されます。また、「木の文化」は空間文化の違いを形づくることになりました。木は柱と梁で空間を構成し、石は積み重ねて壁をつくり屋根を載せることから、その構造の違いによって空間の構成の可能性が規定されます。

日本建築では、障子や襖などの軽い建具で部屋を区切ったりつなげたりし、ゆるやかに空間がつながっていることから、壁によって囲まれた個室から生まれるプライバシーといった概念もありませんでした。外部への開口を大きく取り、自然を家の中に取り込みました。内と外の空間を一体化するために、開口に引戸を多用し、縁側空間を生み出したのです。縁側を媒介として借景や庭などの環境を室内の自分の空間と関係させます。光や空気、風の流れ、気持ちの流れ、心のやり取りは、日本文化の底流にある美意識に通じるものです。洗練された美意識を理解する感覚を失うと、日本の絵画や彫刻を理解することも難しくなるといっても過言ではありません。日本建築空間の独自性の表れとして、余白や水平に流れる空間の美しさがあります。西洋の空間は、ゴシック建築に代表されるような、垂直に高く天に上るような空間の美しさをつくり出します。ふたつの建築文化は、縦横比の考え方が大きく異なります。

自分がいる空間の特徴を感じることはできるのですが、その構成を把握することは、なかなかできないものです。しかし空間は自分との関係で感じられるものです。自分で自分の存在を見る。自分とほかの人との関係を第三者として見る。それをねらっているのが「分身モノサシ」を使ったワークショップです。

分身をつくることで自分で自分の存在を見ることができる面白さは、大人でも子どもでも感じることができます。説明してもわかりにくいことが、すっと感覚で理解できます。この感覚を繰返し行っていると、次第に「分身モノサシ」がなくてもその関係性がイメージできるようになります。これは空間を理解する能力が育つことにつながります。

●ワークショップの普及

ワークショップのプログラムは、一見、簡単そうですが、開発には時間と能力が要ります。専門知識に裏打ちされる必要がありますから、そのような人材を見つける必要があります。しかし、わかりやすいストーリーにするためには、逆に余り知識のない人や、経験の少ない若いメンバーも必要です。

プログラム開発をするときに考えたことが、思惑どおりの効果を生まないこともあります。新しいプログラムをつくることに比べ、できあがったプログラムを使って、ワークショップを行うことはそれほど難しいことではありません。

参加者の年齢や人数、開催場所、使える時間に合わせて、適宜アレンジしてプログラムを使って欲しいと考えています。

平等院鳳凰堂 　　ゴシック建築

ワークショップが伝えたいこと
分身モノサシで建築・都市を測ろう

建築家は、いつもコンベックスルール（巻尺）を持ち歩いて、気になるところの寸法を測る癖があります。例えば、階段の幅と高さを測って使いやすい階段、美しい階段の寸法を頭に刻んでいます。建築を設計するプロフェッショナルとして具体の寸法を知り、実際の設計に生かしていくためのノウハウとして、日ごろから蓄積しているのです。

このプログラムの講師遠藤勝勧氏は、有名建築はもちろんのこと、泊まったホテルの部屋などよいと思ったら、何でも測ってスケッチに描きためてきました。そして、それを若い人に伝えるために本にしました。

一般の人はそのようなことをする必要はありません。しかし、空間を使う立場として、自分と空間との心地よい関係を知り、空間を判断する手がかりを身につけておくことは大切です。

■自身の視覚化 ― 分身モノサシ

「分身モノサシ」は、ダンボールに写し取った等身大の自分をモノサシとして使い、空間の広さや狭さ、高さや低さなどを身体の大きさと比較し、具体的に体験する遊びです。数字で表すのは、プロの世界のノウハウですが、普通の人にもスケール感の心地よさや感性を身に付けてもらいたいというねらいがあります。「分身モノサシ」に開けた目から、子どもと大人とで空間の見え方に違いがあることも体験できます。

建物の寸法が人間の身体の寸法と関係が深いこと、しかし、公共建築は、関係が薄くなっていることにも気づきます。

「分身モノサシ」の作成 　　分身と並んで

お父さんの目線 　　子どもの目線

模型とミニモノサシ 　　ベンチは私の背の高さと同じ

■ ワークショップが伝えたいこと
人間温度計になろう

太陽とのつきあい方が、とても大切なことを体験から学びます。原因はいろいろありますが、太陽とどうつきあったらよいのかがわからないヒトが多くなっています。このプログラムの講師は、熱環境の分野の第一人者であります梅干野晃東工大教授です。全球熱画像を写し出すカメラを開発し、都市の熱環境、建築の熱環境を捉えて分析し、地球温暖化や都市のヒートアイランド現象への対応に指針を示している先生です。

■体験からはじまる

手のひら、顔、足の裏、全身をセンサーとして使って、ものの暖まり方、暑さ涼しさの原因を探ります。夏の暑さは、太陽の直射だけでなく、コンクリートや金属でできた建築やアスファルト舗装の道路が蓄熱し、その熱が放射されることも原因であることを体験します。

さらに、気温は同じでも、木陰は涼しく、路地を水まきでさらに涼しくできることを体験します。植物に触ると、日なたの植物も日影の植物も温度の差が余りないことを知ります。

体験を重ねていくと、人間のつくった建造物からの影響が大きいことがわかり、太陽の日射をコントロールできる方法があることを知ることができます。

温熱環境を全球熱画像のカメラで撮影して視覚化し、種明かしをすることで、体験したことを具体的なデータで裏づけます。温度計により認識していた気温と、環境としてつくり出されている熱環境の違いが大きく、日常生活でそれに気づいていないことを知り、空間の微妙な熱環境は、身体のセンサーによって知る必要があることがわかります。

自分の体調に適した熱環境の整え方を知り、エコな生活は、クーラーを使わないように我慢するのではなく、クーラーを使わないでも適切な熱環境を整えることだと考えるようになります。

全身をセンサーにして、心地よい場所を見つけます。決めた場所にハートマークをおいてみました。

手のひらセンサーで、日なたと日陰の地面や建物の材料などに触ってみます。うーん、同じ地面も温度が全然違うことがわかります。これまでは、考えてもみなかったことです。

目をつぶって、ほほをかざしてみると、方向によって、温度が全然違うことがわかります。空に向けて、地面に向けて、電車の中でもあちこちにほほを向けてみます。

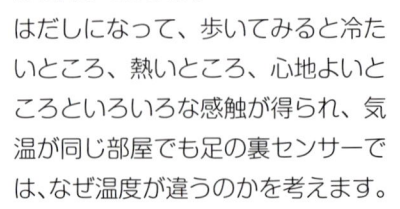

はだしになって、歩いてみると冷たいところ、熱いところ、心地よいところといろいろな感触が得られ、気温が同じ部屋でも足の裏センサーでは、なぜ温度が違うのかを考えます。

心地よい場所にハートマーク

手のひらで、材料に触れてみる

目をつぶり、空に顔を向けてみる

足の裏で、温度を感じる

ワークショップが伝えたいこと
地図を重ねてまちの"隠れた歴史"を発見しよう

■地図を楽しむ

地図を見る面白さは、地上を歩く場合とは違って、地図上で方向や距離の位置関係を正確に知ることができ、知らない施設の存在に気づいたりすることです。さらに現在よりも古い時代の地図は、現在生活している場所の時代を経て変化した経過や元の地形の状態を知るきっかけを与えてくれます。

■歴史を空間で辿る

地図を見ることで、歴史の展開を時間の流れの中で想像するばかりではなく、地上空間の変化として捉えることができます。

通常、歴史を理解するためには、知識が必要で、資料を調べたり、誰かの解説を聞かなくてはなりません。

地図は、予備知識がなくとも、見ている人を新たな発見や想像の世界に導いてくれます。

同じ場所の時代の違う地図を見ると、都市やまちの発展の様子などを想像することができます。さらに、時代の違う地図を透明な紙に写して重ねることで詳細な部分の理解が容易になり、都市の発展の様子や元の地形や古くからあった道などを知ることができます。

江戸時代やさらに前の時代の絵地図を、現在のスケールの正確な地図に写しこむ作業を通して、地図を重ねる方法もあります。

元は海だった場所がわかると、そこを訪ね、海であった痕跡が残っていないかを探してみるのも面白いでしょう。海岸に育つ植物があったり、海に向かって建つ祈りの場所が残っていたりします。

地図のなかった時代のその場所が、どのようであったかをイメージできるような気持ちになります。

空間の広がりを、地図上で平面的に、地形的に、歴史的に見つめることは、自分の通う学校や、生活する場所の立地条件を知ることになり、環境をさまざまな角度で把握する基礎的な手段を体験することとなります。

正確なスケールで地図がつくられるようになったのは、明治時代に入ってからです。明治、大正、昭和初期、太平洋戦争前後の時代、そして今の時代の地図。見る人自身の想像力を通して、環境をイメージする楽しさに引き込まれ、都市形成の原理に触れることができます。

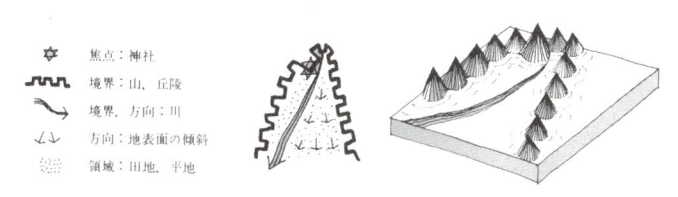

水分神社型空間の構造と構成要素（『日本の都市構造』）

江戸城の鬼門と裏鬼門の位置関係図

ワークショップが伝えたいこと
まち歩き☆たんけんたい

■「まちを楽しむ」のがねらい

ショッピングをしたり、散歩をしたりするのとは少し違います。まちを劇場のごとく、あるいは絵画や彫刻のごとく、「まち」そのもの、「まち」に存在しているものを楽しむ仕掛けを体験します。

仕掛けは、まちを見る方法のアイディアから生まれます。仕掛けをかますことで、まちが一味違って見えてくることを体験し、違った視点でみる仕掛けの使い方を知ってもらいます。時々そんな風に、まちそのものを観察し、興味を持って欲しいというのがねらいです。

最近行われることが多い市民参加のまちづくりでは、まちの探検とか、まちのよいところや危険なところなどを探して歩くワークショップが行われます。参加者の感想として、「何気なく歩いていると気がつかなかったけど、いろいろ発見があった。知らないうちに2時間も歩いた」といった驚きの声があります。

まちの課題による仕掛けでも、同じまちもいろいろな見え方があることに気づきます。1人では気恥ずかしかったり、まちをじろじろ見て歩く気まずい感じもしますが、何人かのグループで歩くと、かなり大胆に楽しむことができます。自分と違う気づきをする人がいたりして楽しめます。

■ユニークな仕掛け

ユニークな仕掛けのバリエーションとその効果を紹介します。仕掛けは、具体的な装置とし、町の見方がぶれないで、広がることを手助けします。抽象的な課題の仕掛けは、余り経験がないので語れないのですが、これまでの経験では、大人も子どもも使える仕掛けとして、わかりやすいほうが面白い展開になります。素直な子どもの発想に大人が感動する場合もあります。

例えば、手ごろな大きさの額縁をつくり、それをかざしながらまちを歩きます。風景が四角に切り取られ、絵になることで、魅力的な発見があるのです。単純ですが有効な仕掛けです。

また、「人の顔に見える場所探し」といったテーマ型の仕掛けも着目がユニークで、笑いを誘います。

まちを楽譜に置き換え、具体の音を捉えてもいいし、雰囲気をリズムやメロディーに置き換えても面白いと思います。音にならない楽譜にして、まちの感じを表現することもできます。

まちでなくとも、超高層ビルや大きな施設、劇場など普段見られないところを見せてもらうというワークショップも、とても興味深いものです。ビルのゴミ処理場や機械設備、防災施設、免震構造を見ていくと、表に出ない機能、隠された仕掛けを知ることができます。単純にまちそのもの、舞台裏を知ることで、まちの成り立ちといった本質に触れることができます。

まちをカルタにする 　　大きく口を開けた顔 　　メガホン　何が見えるかな？

ワークショップが伝えたいこと
ボクのワタシの秘密基地づくり

■小屋づくりの魅力

手に入る材料を使って、秘密基地や隠れ家をつくるといった経験を持つ人は多いと思います。時間を忘れて取り組んだ思い出は懐かしいものです。しかし、今日では、そうしたことを行う場所もなく、材料が転がっている状況もありません。そのような経験ができる機会を大人たちが用意してあげる必要があります。

使える場所と材料をそろえておくのです。材料の特性によってつくり方のコツがあります。日常、触れたことのない材料の場合には、使い方をマスターするまで時間がかかるので、はじめに少し手ほどきする必要があります。それによって大勢の人たちがこの楽しい試みに参加できるようになります。

わくわくした気持ちで取り組み、完成した基地は、どこにも同じ物がない、自分たちだけの小さな空間です。自分が乗ったり、中に入ることができるのは、工作とは違って自分よりおおきな構造体に取り組む、挑戦的な要素があります。こうした体験がねらいです。建ち上がってくると、誇らしげな自分がそこにいます。この感覚は生涯覚えているものです。貴重な体験は、どこかでその感覚を思い出すこととなります。

親子で一緒に取り組む場合は、役割分担や作業協力を通して、貴重なコミュニュケーションの機会となります。

■場所選び

場所については、準備したり、片付けたりすることも考えるとできれば1週間は、専用に使えるところを確保することが必要です。また火を使用して料理ができるところであれば、家の台所で調理するのとは違った食事を食べることができ一層効果的なプログラムが展開できます。

参加者は基地づくりに取り組む前に、まずは建てる位置が重要なことを知ります。

材料を見つけたり、地形の変化を把握しながら、つくりたい小屋をイメージします。

眺めのよい場所であったり、風を避けるくぼ地であったり、できあがりを想像しないで、小屋組みをつくり出すことはできません。

小屋組みをイメージすることをプログラムに入れておくことが必要です。

木を利用した基地

地形を利用した遊具

■材料とつくり方

基地づくりに使用する材料によって、固定する方法やつなぎ方、構造の考え方も違ってきます。木材は釘などの金物を打ち付けることができますが、竹には効果的な方法とはいえません。竹は、軽く丈夫な材料です。中央が空洞であることから、その特長を生かした使い方も面白いでしょう。材料を限定する場合と、さまざまな材料の中から選ばせる場合などのプログラムがあります。

今回紹介するプログラムのように竹に絞ることで、難しいプログラムになると思いがちですが、扱いのヒントを示すことで、材料に慣れて、使い方の工夫が生まれ、プログラムの成果を、高いものにする可能性もあります。

企画の構想 1

●企画の目的

よくあることですが、ワークショップをどんな目的で行うかを忘れて、ワークショップをすることが目的になっていたりする場合があります。目的を書き出して、スタッフが共有することが大切です。プログラムの構成はもとより、場所の選定、材料の調達すべて目的を前提に判断していきます。目的に沿ったことは、多少面倒であっても大事にします、目的から外れていることは、省略したり、簡略化します。その判断基準を明確にします。

●目的とプログラムとは別の頭で考える

前項で書いたことと矛盾するように見えますが、企画の目的をストレートにプログラム化をしないことも重要です。
目的はとりあえず、神棚に上げて、テーマを違った角度から捉えるなど、本質的な意味を整理します。具体的なワークショップにどう置き換えられるか、あれこれと思考をめぐらせ、目的に到達する体験方法についてのアイディアを出していきます。

●アイディアの育て方、捨てる勇気

ふと思いついたアイディアが、使えたり効果的だったりします。ピーンときたことは忘れないように、口に出して伝えるか、書き留めます。しかし、アイディアは育てないとものになりません。思いつくままではありません。逆に、雑多なアイディアが、次々に浮かび提案されることがあります。
アイディアが何に使えるか、効果とどのようにつながるかを議論をします。ときには、アイディアを捨てる勇気も必要です。よいアイディアでも、目的に合っていなければ、潔く捨てます。プログラムは、わかりやすく、単純でなければ成功しません。参加する人は、企画側ほど深く考えている訳ではないので、複雑なプログラムでは参加をためらってしまいます。単純でわかりやすいほうが、参加者の気持を反映できる余裕があり、結果的に面白い成果につながります。

●子どもに面白いものは、大人にも面白い

本当に面白いと感じたり、新鮮な驚きは、大人も子どもも同じです。企画者が面白いと思うことは、参加者にとっても面白く、逆に自身が面白くないことを企画してはなりません。
自分で思いつく面白さには、限界があります。そんなときには、専門家にアイディアを頂くことも有効です。マニアックな人は、いろいろなことを知っています。しかし、マニアックな人を登場させるとその人の世界になってしまうおそれがあります。頂いた知識を料理して、食べやすく、味わいやすくするのが、企画側の役割です。

●現場に足を運ぶ

大枠の構想ができたときや、行き詰まりが出たときは、実施場所に足を運ぶことを勧めます。
実際の進め方を現場で実演しながら、考えると効果的なアイディアを生むことがあります。
実施場所の安全確認は、子どもたちの動きなどを想像しながら、入念に行います。

実施場所でプログラムの検討

●はじまりは、アイスブレイク

これからはじまるワークショップは、参加者それぞれのキャラクターが生かされてはじめてよい成果につながることから、参加者の気持ちが、プログラムの流れの中に、スムーズに入ってもらうようにすることが大切です。そのためには、これからなにか面白いことがはじまるよという雰囲気をつくっていく必要があります。参加者はお互い知らない場合が多いので、それぞれの個性が出て、チームワークの役割がわかってくるような遊びやゲームを企画します。

大切なことは、その日のワークショップにつながるプログラムであることです。チームワークをつくるゲームでありつつ、ワークショップのウォーミングアップでもあったりするなどの工夫がされるとよいでしょう。

●擬似家族の効能

親子で参加を呼びかけると、親にくっついた子ども、親のいうことをあまり聞かない子ども、心配性のお母さん、子どもの存在を忘れるくらい凝り性のお父さんといった具合にいろいろな組み合わせの親子が集まります。

参加者に色を選んでもらい色別にチームをつくり、ゲームを繰り返すうちに、本当の親子ではない新たな親子関係のチームをつくります。自分の親が近くにいるが、同じチームではない、この少し離れた距離感がなかなかいいのです。親に頼らなくなり、自分の子どものことを気にすることが少なくなり、自分らしさを発揮して、ワークショップを楽しむことができるようになります。この雰囲気がワークショップ参加者の個性を引き出します。子どもの意外な面を発見したり、面白いお父さんに親しみを感じたりと、終了後、親子が一緒に帰り支度をするとき、爽やかな愛情を見ることができます。

●コーディネーター

ワークショップの中心となるコーディネーターは、その日の主役です。プログラムの本質をわかっている人に進行は任せます。タイムスケジュールはつくっておき、タイムキーパーも決めておきます。コーディネーターに進行の遅れなどの情報は伝えますが、全体の様子を見て、早めに切り上げたり、時間を延長させて、熟度を高める見極めをしてもらいます。

コーディネーターの存在がわかるように、服装を目立つ色や形にするなどの配慮が要ります。

●ファシリテーターは、接着剤

ファシリテーターは、コーディネーターと参加者との関係をつなぎ、チームを構成する場合は、チーム内をつなぐ接着剤的な役割を果たします。コーディネーターの指示の意味が十分理解できていないときや行動につながらないときなどアドバイスしたり、ヒントをあげたりします。また子どもがやりたいことができなくて困っているときの手助けをします。その際、必ず参加者の意見や考えを聞き、主体性を尊重し、前に出過ぎないことが大切です。グループでの進行具合、時間の管理も大切ですが、参加者の自発性や想像力を大切にするために待つことも重要です。間違ったアシストをしないように事前に、ワークショップの主旨やプログラムの意味を理解しておくことが重要です。

●グループワークでの体験

同じ目的のため、自分と違う人の考え方を尊重しつつ、自分のやりたいことも出していく。しかも具体の作業が伴うのがワークショップの特徴で、よく知らない人と、既成概念に束縛されず、話し合って作業を遂行する体験は貴重です。

企画の具体化―プロセスが大事

●企画の具体化

コアメンバーは、ワークショップの目的を話し合って、理解を深めた形で共有することが大切です。プログラムの具体化に当たって、判断が目的からずれないようにするためです。参加者の到達目標は、柔軟に設定しておくほうがよく、むしろプロセスのほうが大事です。成果としては、途中のプロセスにおいて、参加者の心に何か残ればよいでしょう。参加者それぞれの感じ方、達成感には個性があり、その多様性をお互いに知ることもワークショップの面白さのひとつです。

●体験への導き方

物事を理解する際に頭だけではなく、身体を使って理解すること、身体と頭脳との往復が必要です。
プログラムには、日常的な体験から、非日常的な体験に導く、組み合わせや順序が大切です。
体験はやってみせることで、説明はできるだけ少なくします。何かをつかんでもらいながら進めて行けるようにします。

●場所の選定・場所での発想

実施場所の空間特性を理解する必要があります。同じプログラムでも場所によって、効果的であったり、あまりよくならなかったりもするからです。
前もって開催場所において、実施するプログラムの確認を行います。新たなアイディアが生まれ、修正や変更をしたり、時には一部をやめたりすることもあります。
注意すべき点は、実施場所や周辺地域の関係者の了解を得ておき、チラシなどを配布しておくこと。参加者に危険がないよう安全性に配慮することです。

●ア、そうなんだ！の体験

プログラムの終了近くになって、種明かしであったり、意外な展開の秘密が披露されたりするプログラムを考えておきます。参加者がなるほどと感じる場面を用意します。この場面では、専門家やその道を極めたコーディネーターからの話が効果的で、圧倒的な局面が展開できるほど、素晴らしいワークショップとなります。

●取り組み体制

まずは、企画者であるコアメンバーが中心になります。企画の当初から、コーディネーターが決まっている場合が多いのですが、企画の趣旨に沿った人を探す場合もあります。
コアメンバーは、コーディネーターとともにプログラムの大筋を組み立てます。人数は5、6人が適当で、合理的にことを運びやすく、チームワークも取りやすい規模です。
ファシリテーターは、プログラムの大筋が決まってから必要な人数を選んでも遅くはありません。ファシリテーターにはプログラムの主旨を理解してもらい、そのうえで具体の展開における疑問点や意見を聞くことなども重要です。コアメンバーがファシリテーターになってもよいです。

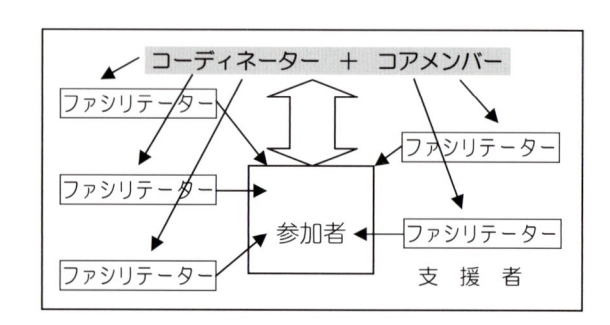

```
    ┌─── コーディネーター ＋ コアメンバー ───┐
    ↓                    ↑                    ↓
ファシリテーター                          ファシリテーター
    ↓                    ↑                    ↓
ファシリテーター  →  参加者  ←  ファシリテーター
    ↓                                          
ファシリテーター                         支 援 者
```

●プレワークショップ

ファシリテーターが、当日初めてワークショップを体験するのは避けましょう。いくら練り上げられたプログラムでも、ファシリテーターの動きやアドバイスによって、大きく成果が左右されるので、前もって体験しておくことが重要です。プレワークショップを体験することでコーディネーターの指示をどのように実現できるか、困難さはないか、的確に指示が理解できるかの実験にもなります。

プレワークショップを行っていると、当日におけるファシリテーターの参加者への対応に余裕ができるので、参加者の動きに予想に反した事態が起きても、慌てず、大きな流れを見失うことなく対応することができます。

プレワークショップは、できれば実施場所で行うのが、最も望ましいことです。場所が使えない場合も、常に現地をイメージして行う必要があります。

●タイムスケジュールの組み方

ワークショップは、通常のイベントと比べて長い時間がかかる場合が多いといえます。2、3日間かけるものも紹介していますが、多くのプログラムは、朝はじまって夕方に終わります。それでも随分と長い時間参加者を拘束することになります。

体験をしていくので、どうしても時間をかけないと主旨を達成できず、時間を短縮すると半端なものになります。短時間で充分目的が達成できるものもありますが、興味が持てるプログラムであれば、時間が長くかかっても、割合子どもの興味は持続します。むしろ、見学に来ている大人が退屈したりします。参加している大人は、子どもと同じく退屈どころか熱中してしまう傾向があります。

例えば、「分身モノサシ」は、分身の作成だけで2時間はかかるので、分身を持ち歩き、空間を図って記録する行動だけで一日が終わります。

1/5のミニモノサシを使った縮小モデルの作成は4、5時間かかります。アイスブレイクと最後のまとめを加えると、丸々2日間を要することになります。しかし、このプログラムを1日ないし半日で実施している例も多くあります。

プログラムの目的は少し変わりますが、分身を使った空間体験を楽しむことまではできます。分身をある場所において、自分で建物や家具との関係を見ることはできます。2日にわたるプログラムでは、人と空間の関係を図面や模型に置き換えることで、物事を抽象化する力を育てるきっかけをつくることができます。

大切なことは時間のかけ方と達成目標に整合性が保たれることです。詳細なタイムスケジュールの組み方は、それぞれのプログラムに載せているので参照してください。

タイムスケジュールとは少し違いますが、「人間温度計になろう！夏の陣」は太陽のかんかん照りの暑い日が適しています。曇っていてはわかりにくいので、天気のよい日となるようスケジュールを決める必要があります。逆に「冬の陣」は気温の低い、風のない寒い日の実施が効果的です。

屋外のプログラムは、天気に左右されるので、どうしてもよい季節に実施することになります。

●休憩の取り方

休憩はプログラムの切り替えのタイミングを考えて入れます。トイレは、自由なタイミングで取ります。長いプログラムの場合は、昼食時間を楽しむよう充分に時間を取るべきです。食事ができればよいなどと思ってはいけません。

体力を回復したり、気持ちの切り替え、アイディアを練る、そんな時間と考えるとよいでしょう。

参加者とのつながり

●ワークショップの成果とは

知識として習得したり、理論や理屈で理解するのではなく、体験を通して理解を深めることが重要ですが、体験による感じ方は、参加者のそれまでの経験などから、少しずつ違います。異なった形で成果が出ることのほうが本当の姿で、いろいろな形で成果が出ることが重要です。

しかし共通していることは、今までなんとなく感じていたこと、考えていたことが、本来の姿に触れることができたとか、全く思い違いをしていたというように、一段飛躍する機会をつくることができたり、子どもたちにとっての忘れがたい体験になるといったことが成果となります。

●アンケート・感想文

成果の把握は、終了時の場の雰囲気でも感じることはできますが、その内容は漠然としています。簡単なアンケート調査や、感想を書いてもらうことで、かなり具体的に把握することができます。

終了時の感想文やアンケート調査は、それほど重要視されず、軽く扱われている状況がありますが、実は非常に重要な手段です。主催者側は、感想文を読んで、感激したりよかったと思ったり、逆に反省点が具体的にわかったりします。

これらを次のワークショップにどのように生かすかということになると、主催側のメンバーが替わったりするので、積極的に前回の参加者の声を生かしているとは言いがたいところがあります。さらに複数のワークショップにおける参加者の声の比較や分析を行うことなどは、ほとんど行われていないのが実態です。

主催者は、もっと参加者についての調査、研究を行う必要があります。例えば、直接参加者と接したファシリテーターに感想やアンケートを行うことも有効な手段といえます。

●広　　報

ワークショップの開催広報はなかなか難しいです。ワークショップそのものが、新たな課題の提起や試みであったりするのですから、受取側はそれと同じ立場に立っていないのが前提です。主旨を前面に出そうとすればするほど、受取側にはわかりにくいものになる傾向があります。

広報を行うときには、受取側の理解を得やすい表現を考慮する必要があります。また、子ども相手の広報の場合は、子どもとその保護者の心理を推測して、表現方法を検討する必要もあります。子どもにわかりやすい写真やイラストを使い、具体的なイメージをつくりやすく工夫します。保護者に対しては、主催者側の確かな位置づけ、ワークショップの質の確保が理解できる形に整えます。定期的に繰り返して行っていれば、地域での信頼も高まり、口コミで信用度も高まるので、そうした努力も欠かせないといえます。

●参加日の設定

学校や職場の休日に設定するのが普通の考え方です。しかし学校が週5日制になってからは、土曜日に子どもたちが集まらなくなりました。毎週土曜日が休日のため、クラブや塾、習い事の日程が入ってしまい、自由な時間の使い方ができなくなっているからです。

逆に学校が開催する土曜スクールなどで、スケジュールに入れてもらうことが有効です。夏休みや冬休みなどの長期の休暇は、学校側もいろいろ行事を組んでいる場合もあることから、地域や学校と直接接触しないと、参加可能な日を見つけることは厳しい状況となっています。

●プログラムの活用

この本に掲載したワークショップのプログラムを活用する場合、実施する季節や場所、実施できる時間の長さによって、プログラムの一部分だけを行ったり、内容を変更したり、修正する必要があります。次章からのプログラムの紹介では、バリエーションも紹介されています。ここでは、プログラム別にバリエーションの考え方で留意すべきことなどを紹介します。

●分身モノサシで建築・都市を測ろう

民家園などの住まいが測る対象である場合は、人間の寸法と建物の寸法の関係がわかってきます。したがって、分身モノサシの使い方もそうしたテーマに誘導していくことが興味につながります。しかし、学校を使って行う場合は、人間の寸法に関係するところは意外に少ないことを知っておく必要があります。天井の高さが、子どもの身長の2倍以上であることがわかっても、その理由を寸法の決め方としては説明できません。日常使っている校舎の大きさや広さの感覚を人体の倍数として把握することはできます。公共施設や超高層のロビー空間など広い場所を選んだ場合は、学校よりもさらに、身体スケールによる空間寸法の決められ方を知るワークショップは成り立ちません。

しかし、空間の大きさ・高さ・広さを身体による具体的な大きさで把握していく体験は、興味深いプログラムとなります。バリエーションを考えるときには、実施場所の空間特性が前提となります。参加者全員の分身を並べたり、天井高さを測る方法として、ひもを付けた風船をあげて、ひもの長さが子ども何人分かをクイズにしたりします。例えば12mという数字の長さより、子どもの分身モノサシ8人分というほうが体験として記憶に残ります。

公園など屋外で行う場合は、屋根のある空間ではないので、自分がまちの中でどのように存在しているかを分身モノサシのおき方で観察してみるなどの使い方があります。子どもが大人の分身モノサシを借りて、分身モノサシにあけた目の位置からまちを眺めたとき、自分とは違った見え方、視界が異なることを体験することができます。

このように分身モノサシを使うことで、場所の特性がワークショップの面白さにつながっていきます。逆に実施場所の空間特性に合わないプログラムは、感激が薄くなるので注意してください。

●人間温度計になろう

自分の感覚を働かせて、身の回りの環境における暑さ寒さの影響を知って、生活につなげようというプログラムです。最近の生活では、自分の感覚を日常的に働かせることをしなくなっています。ほほ・手のひら・足の裏・目をつぶって全身の感覚を使うことなどで、身の回りの微妙な環境の違いを体験します。紹介するプログラムは、小金井江戸東京たてもの園を使っています。ここでは、日本の古い建物やまち並みを再現しているので、路地や大通りなどさまざまな条件で体験しやすい場所があるからです。しかし、自分たちの住む地域や学校を使って行うこともできます。

「夏の陣」では、暑さ涼しさの大きな違いの原因を体験で知ります。手のひらで地面に触り、日のあたるところとあたらないところで温度が違うこと。芝生のあるところと芝生の生えていない土だけのところとの温度差。土とコンクリートなどの材料による温度の違いの大きさに気がつきます。空気中の気温はそれほど違っていないことから、暖められた地面の輻射熱の影響が大きいことを体験します。

建物の仕上げ材に触り、熱を吸収したり、ためてしまうものと温まりにくいものがあることを知ります。また植物は、日なたでも日陰でも温度が同じであることを確かめます。

これらを体験した後に種明かしをします。このプログラムでは、サーモカメラを使って体験した場所を撮影して、温度環境の違いを再確認するのですが、サーモカメラがない場合は、放射温度計（物の表面温度を測定できる温度計）を使うとよいでしょう。簡単で安価なものが市販されています。

都市や家の造りが、夏の暑さを幾倍にも増幅しており、緑化対策や、水面の確保などによる環境対策が、生活を快適にすることを実感として知り、冷房の温度設定を上げて我慢する省エネルギー対策ではなく、環境をしつらえていくことの大切さにつなげられることがねらいです。

冷房のなかった時代の農家の造りの涼しさを体験し、その知恵を知ったり、森や林と関連させて家をつくっていたことなど、学習方法はいろいろあります。

「冬の陣」とあわせて行うことで、夏とは異なる太陽との付き合い方を工夫する必要があることがわかります。

●地図を重ねて　まちの"隠れた歴史"を発見しよう

このワークショップは、場所の歴史がテーマです。時代の異なる、同じ場所の地図を重ねることで、その場所の歴史を立体空間として理解することができます。歴史の事実を空間として感じ、不思議なリアリティの世界を体験できます。

いろいろな時代の地図を探す方法は、図書館や行政の資料室などに協力をお願いします。

上野公園のように明確な時代史のない場所でワークショップを行う場合には、暮らしの歴史を取り上げ、世代を超えて、地域と暮らしの関係を話し合うことができます。

木下勇の「3世代遊び場マップ」は、世代ごとの遊びを地図に落とし込むことで、地域の変化を捉え、暮らしや次世代につなぐ地域のあり方を考える手がかりとしています。

●まち歩き☆たんけんたい

この本で紹介しているまち歩きのプログラムは、すべて同じ場所を使って歩いています。佃島・月島・晴海の3地区は、江戸時代から現代までの東京の変化を体現できる地区が隣接し、魅力的なまちです。毎年繰り返し行ったバリエーションの紹介となっています。毎年歩くときのテーマを変え、テーマを具体化できる簡単な仕掛けを使うことで、いろいろ違った歩き方ができることがわかると思います。

まち歩きは、実施場所選びから、既に歩くテーマが前提にある場合が多いので、テーマに沿った歩き方の仕掛けの工夫が成功の鍵といえます。

●ボクのワタシの秘密基地づくり

バンブーハウスは、材料として竹を使っています。竹は、生長が速く、時々刈る必要もあることから、使用するチャンスがある材料です。使用する材料は、使い終わった広告用の立て看板を貰ったり、選挙に使ったポスター掲示板を利用することもできます。職人さんや建築関係者の協力があると安全に効果的に材料集めができるでしょう。

木材や竹など構造的に強固な材料ばかりでなく、布やロープ、使い終わった段ボール箱を使って、屋外でなく室内で行うこともできます。

単純につくるだけでも面白いのですが、取りかかる前に、できあがりをイメージしたスケッチを描いたり、つくる場所探しをプログラムに入れてみるのがよいでしょう。

力を合わせた活動の喜び、つくり終わったときに一層感慨深いものを共有できます。

●アイスブレイクとは？

直訳すると「氷（アイス）を壊す（ブレイク）」となりますが、これは心の氷を解かす（壊す）こと。ワークショップ当日に集まった初対面の参加者同士の心の抵抗感や、仲間として協力して活動するために障害となる緊張感を解きほぐすゲームなどの総称です。

ワークショップの開始は、ごく自然に入っていき、何気なくはじまる、そんな形でスタートしましょう。これまで実施したプログラムの導入部に使ったアイスブレイクの展開方法は以下のように3つに分類できます。どんなゲームがあるか具体的な事例の紹介をします。重要なことは、ワークショップの意図に沿った準備段階であること。身体を使うことで、気持ちと身体を解きほぐし、心を日常から解放することでしょう。

個別参加型ゲーム

参加者を紹介する事柄（誕生月・血液型・出身など）をゲームの内容に盛り込むことで、自然に参加者同士のコミュニケーションが取れるようにします。どんな人たちが参加しているか、全体の様子が感じられるようにもします。

さらに、参加者同士のコミュニケーションを促進するように身体を使って目的を達成することなどを織り込み、多くの人と触れ合う機会をつくり、お互いが自然に親しみを持てるようにします。

チーム分けゲーム

これからはじめるワークショップでのチームを決めることを目的としますが、参加者が意図的（必然）ではなく、自然（偶然）に仲間になったという感覚を持ってもらうことが重要です。

チーム対抗ゲーム

チームの仲間同士で協力しなければ、達成することができないゲームとすることで、チーム内での協調性や団結力を短時間のうちに高め、ワークショップへの移行をスムーズにします。さらにチーム対抗とすることで、他チームへの対抗意識がチーム内の団結力を一層高めます。

●アイスブレイクの紹介

個別参加型ゲーム…テーマ早並び／大きな輪

テーマ早並びは、お題として発表されたテーマに沿って参加者個人が持つ情報をお互いに紹介しながら、テーマの順番で参加者が1列に並ぶというゲームです。実践時には、「誕生日早生まれ順」と「名前あいうえお順」の2とおりは定番です。このゲームでは「できるだけ早く1列に並ぶ」というルールを参加者に伝えることで、参加者同士のコミュニケーションを活発化させることができます。

整列（テーマ早並び）

整列（テーマ早並び）

大きな輪は参加者同士で手をつなぎ、ひとつの輪になってお題として発表されたさまざまな形をチームでつくるゲームです。「できるだけ大きな輪」、「できるだけ小さな輪」、「三角形」などさまざまな形をつくります。お題の発表の仕方としては、言葉で伝えるだけでなく、スケッチブックなどに描いた形を見せることでも伝わります。

小さな輪（大きな輪）

実践時には、体の前で腕を交差し隣の人と手をつなぎ、交差している腕をほどくように体の向きを逆にする動きや、手を上げて輪の1か所にトンネルをつくり、対称の位置にいる人から手をつないだままトンネルをくぐっていく動きを追加しました。

テーマ早並びで1列になった参加者を前から4つのチームに分け、大きな輪へと移行する流れを2回繰り返しました。

トンネル（大きな輪）

チーム分けゲーム…地図パズル探し

地図パズル探しは、あるエリア内にばらまかれたパズルのピースの中から、自分が付けている名札の色と同じ色の丸印が付いたものを探し出します。そして、そのピース同士が一致するパズルを完成させた仲間ごとに、チームを構成することになります。

裏に書かれている記号（A、B、C…）と同じ記号のピースを持った参加者を探し、持ち寄ったピースを合わせてパズルのようにひとつの地図を完成させるゲームです。このゲームでひとつのパズルを完成させたメンバーで、ワークショップのチームを構成することになります。

このようなゲームでチーム分けを行う場合、パズルが完成してみないと同じチームとなるメンバーが確定しません。

参加者にとっては、主催者側からあらかじめ決められたチームではなく、自分たちの手で決定したチームということで仲間意識や団結力が強くなります。

ワークショップ当日は、参加者の小学生は学年ごとに色の違う名札（親は異なる1色）を体の見える位置に付けました。

ピースを探す
(地図パズル探し)

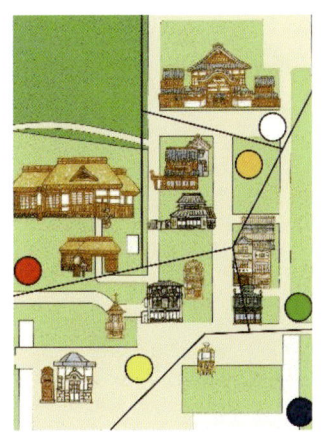

地図パズル表面
(地図パズル探し)

パズルを完成させる
(地図パズル探し)

また、翌年に行ったときには、地図パズルのピースがワークショップでまわる各チェックポイントに分かれていて、その裏にはそれぞれのチェックポイントについてのメモが書けるようにしました。

チーム対抗ゲーム…新聞乗りゲーム

新聞乗りゲームは、ある一定の大きさ（一畳や一坪など建築に関わる大きさ）の新聞紙を各チームに1枚ずつ配り、チーム全員でその新聞紙の上にバランスよく乗ります。

そして、ある一定時間各チーム全員が新聞の上に乗れていたことを確認めてから、チームごとに代表者を1人決め、代表者同士でじゃんけんをしてもらい、じゃんけんに負けたチームは、新聞紙を半分に折ります。一定時間チーム全員が新聞紙の上に乗れるかを競い、この繰り返しを行っていく過程で最後まで全員が新聞紙に乗ることができたチームが勝ちとなるゲームです。

このゲームは、お互いの体を支え合わなければ成立しません。そのため、おんぶや肩車をする姿はめずらしくありません。各チームは勝つために頭を使って作戦を考えますが、参加者同士がふれあう機会も増すので、ワークショップを実施するころには協力関係が自然とできあがり、チーム内で手をつないで移動する光景も見ることができます。

新聞乗りゲーム

●アイブレイクの企画意図

ワークショップ実施前にアイスブレイクを行っていますが、アイスブレイクの企画はワークショップの内容によって方針を決定します。これまでに行ったアイスブレイクの企画背景について紹介します。

チーム分けゲームの「地図パズル探し」は、ゲームを通して仲間が集まると最後にワークショップの会場となる江戸東京たてもの園の地図が完成するようになっていました。これは、江戸東京たてもの園の様子やチェックポイントの場所をワークショップがはじまる前にあらかじめ知ってもらう意図がありました。チーム対抗ゲームの「新聞乗りゲーム」では、その後のワークショップが2日間で行われる企画であったり、参加者以外の方もいるような公共の場での企画であったりと、チーム内で密に連携が必要となるためにワークショップ前に短時間で親密度を高める意図がありました。これは、個別参加型ゲームの「大きな輪」でも同様なねらいがありました。

また、チーム対抗ゲームではグループごとに膨らませた風船を手渡していく「風船渡しゲーム」も行いましたが、これはワークショップ本編で頭からつま先まで神経を研ぎ澄ませて「環境」を感じ取ることがプログラミングされていたので、その事前準備として風船という道具を使うことで指先の感覚を集中してもらう意図がありました。

さらに、身近な物の寸法をグループごとに推理し、その大きさを考える「寸法推理ゲーム」についても、ワークショップ本編で身体と周りのものとの寸法感覚がテーマとなっていたので、その事前準備と普段の寸法感覚を再認識する機会をつくるねらいがありました。

このように、ワークショップに入る前に心と体の準備体操をする目的がアイスブレイクにはあります。

アイスブレイクにはご紹介した3つの役割とともに、企画のプログラムによって円滑にワークショップを体験してもらうための導入部分を、ゲームとして楽しく参加してもらう目的があります。これまでに実施してきたアイスブレイクでは、上記でご紹介したようにワークショップの内容やテーマ性によって企画され、ワークショップが充実するためにとても重要な役割を果たしています。

2

分身モノサシで建築・都市を測ろう
身体の寸法と空間の寸法の関係を知る

ワークショップをはじめる前に………22

A. プログラム・デザイン……………24

　プログラムのながれ………………25

　タイムスケジュール………………37

B. プロセス・デザイン………………38

　当日までの準備……………………39

　企画会議……………………………40

　現地調査……………………………42

　プレワークショップ………………43

　広報／取材…………………………44

　参加者の声…………………………45

　活用事例①―小学校―………………46

　活用事例②―アトリウム―…………48

　活用事例③―路地―…………………50

　活用事例④―町屋―…………………52

身体の寸法と建築の寸法 ———————— 美しき調和

身体の寸法は建築の寸法と大きな関わりがあります。たとえば、ドアのノブ（扉の取っ手）が膝の高さぐらいの低い位置に取り付けられていたら、ノブを握ってドアを開けるのは難しいでしょう。そこで一般的には、ちょうど握りやすい高さにノブが取り付けられます。ところが、建築家フランク・ロイド・ライトは帝国ホテルを設計したときに、握りやすい高さよりもやや高め（h=1400 程度）にしました。「背筋を伸ばして堂々と入れるように」という意図があったそうです。このように建築の寸法は、使いやすさだけでなく、人の気持ちや世界の捉え方にも大きく関わります。大げさにきこえるかもしれませんが、歴史をひもとくと、身体と建築の深い関係に気づかされます。古代ローマの建築家ウィトルウィウスは「両腕を真横に広げた長さは、身長と等しい」などの理論を示しました。そして、この記述にもとづいてルネサンスを代表する芸術家レオナルド・ダ・ヴィンチは真円と正方形に男性の手と足が内接している有名なドローイングを描きました。理想的な人体のプロポーションは調和がとれ、建築もまた、人体と同じように全体として調和していることが望ましいと考えられました。

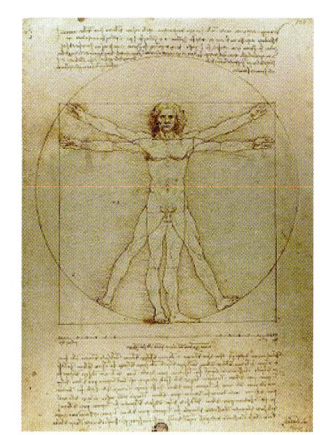

レオナルド・ダ・ヴィンチの
ウィトルウィウス的人体図

モデュロール ———————————— 片手をあげた大男

近代建築の巨匠のひとりである建築家ル・コルビュジエは、身体の寸法と黄金比（最も美しいとされる比率）から建築の基準寸法となるモデュロールを考案しました。身長 1.829m（6 feet）の男の指先は 2.260m の高さを示し、これを黄金比で割り込んで基準寸法が定められます。ル・コルビュジエは実際にモデュロールを用いて多くの建築を設計しました。マルセイユのユニテ・ダビタシオン、ロンシャンの礼拝堂などがよく知られています。

身体尺と公定尺 ———————— ヒューマンスケールの喪失

日本にも身体寸法をもとにした単位があります。「尺」はそもそも手を開いたときの親指の先から中指の先までの長さ、「尋」は両手をいっぱいに広げた長さを示していました。このような身体尺は人によって長さが異なるため不便なことも多く、一定の長さを単位とする公定尺が制定されるようになりました。「m（メートル）」という単位は、もともと地球の大きさに基づいて定められていました（現在では、光が真空中を進む距離に基づいています）。これは身体の寸法に由来していないため、人間と建築との関係が薄くなりつつあると心配する声もあります。

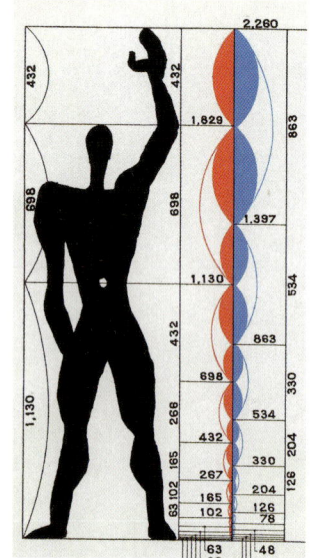

ル・コルビュジエの
モデュロール

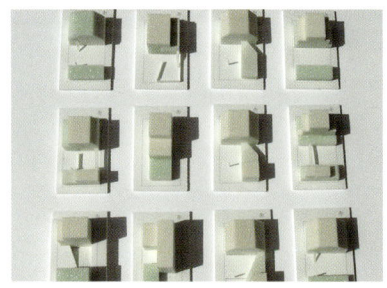

スタディ模型（写真提供：伊藤泰彦建築研究室）

軸組模型（写真提供：仲建築研究所）

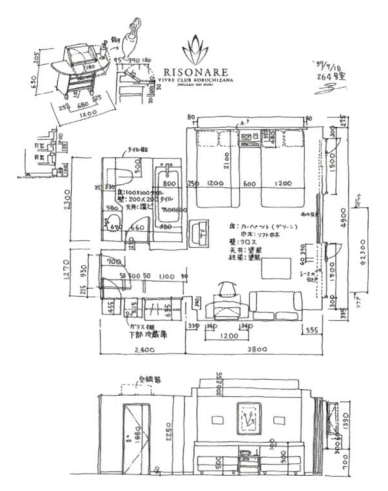

実測スケッチ（スケッチ提供：遠藤勝勧）

建築模型 ———————————— 考える・伝えるツール

建築模型とは、どのようなものでしょうか。美術館、集合住宅、まち並みなどの緻密につくり込まれたものを見たことはありますか。これらも建築模型の一種です。けれども、建築模型は、このような完成した状態を表現するものばかりではありません。そのほかにもさまざま役割を果たします。たとえば、設計するときにラフな模型をつくって、ああでもない、こうでもない、こうしたらどうだろう、と考えることができます。また、施主や施工者に説明するときに2次元の図面では理解しにくいところを3次元の模型で表現して、設計の意図を的確に伝えることもできます。最近ではCG（コンピュータ・グラフィックス）を用いることも多くなりましたが、実際に手で触れながら考え、伝えることができる模型は、建築設計において、なくてはならない大切なツールです。

実測スケッチ ———————————— 建築家への第一歩

実測スケッチとは、一般的には、建築を実際に計測して作成したスケッチを指します。壁の長さ、天井の高さ、扉の幅、家具の大きさなどをコンベックスルール（巻尺）で測り、平面図や展開図のスケッチに寸法を記入します。ただし、実測スケッチの名手として知られる遠藤勝勧さんは「スケッチといっても絵を描くだけじゃないんだよね。言葉のスケッチというのもある。楽しいことが並んでいるものだとぼくは思っている。」と話してくれました。たしかに遠藤勝勧さんの実測スケッチを見ているとワクワク楽しい気持ちになります。絵が上手で字がかわいいからだと思っていたら、絵や字のうまい/へたは関係ないそうです。「よい空間だから」というシンプルな理由でした。つまり、実測スケッチで表現しているのは空間そのものだということを教えてくれました。遠藤勝勧さんは旅に出るといつもホテルの客室を描きます。「楽しいから、好きだから」とニコニコして多くを語りませんが、ホテルが人をもてなす空間として、また人が寝て起きる生活空間として、よく考えて設計されていることを熟知しているのでしょう。階段を描くことも多いそうです。階段は「歩く」という人間の基本的な動作に関わるものです。毎日使われるし、火災などの非常時にも使われる。上り下りしやすい階段を設計すると、とても喜んでもらえるそうです。身体と建築の関係を考えるとき、実測スケッチは有効です。建築家を志す人は、実測スケッチを描くことからはじめてみるとよいでしょう。

A. プログラム・デザイン

分身モノサシが江戸東京たてもの園に現れた！

みんなで大きな輪／小さな輪をつくろう

ワークショップの舞台は江戸東京たてもの園です。2日間にわたって、建築家の遠藤勝勧先生が「測る」ことによって発見できる新たな世界を案内します。まずは、はじめて顔を合わせる参加者同士が打ち解けて仲よくなれるようにアイスブレイクをします。みんなで手をつないで大きな輪や小さな輪をつくるといった寸法を意識できるゲームをしました。チームづくりでは親子を別のチームに分けて、親も子もそれぞれ自由にのびのびと楽しめるように配慮しています。

分身モノサシづくり

このプログラムの重要なツールとなる分身モノサシをつくります。まずは、段ボールに寝転んで体の外形を鉛筆でなぞります。脇のあたりになると、こちょこちょ、くすぐったいよ。分身モノサシづくりは、たんなる道具製作ではありません。チームみんなで協力して夢中になって盛り上がれる活動です。さて、分身モノサシが切り抜かれると、ますます会場は熱気に包まれ、人口密度が倍になったようです。まさに分身の術？手のひらをかたどった「てのひらモノサシ」もつくります。

自分とそっくりな分身モノサシ

分身モノサシを切り抜いたら、洋服を着せましょう。色鉛筆や色マジックで洋服の絵を描きます。眼鏡をかけたり、帽子をかぶせたりして、自分にそっくりな分身の誕生です。

分身モノサシは、目をくり抜くのがポイントです。これがどのような効果をもたらすかは、あとでわかります（P.31参照）。

なお、体をなぞる線がぐらぐら動いてしまい、実際の背の高さと分身モノサシの高さが合わないことがあります。ここをきちんと合わせないとまずいので、必ず確認して調整します。

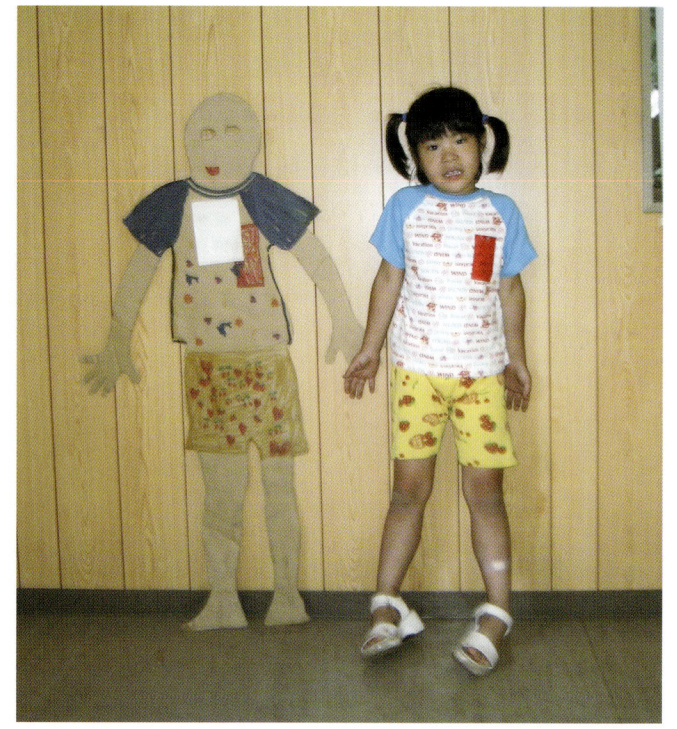

分身モノサシと記念撮影

分身モノサシができあがったら、自分と一緒に記念撮影します。子どももそっくり、大人もそっくり。分身モノサシと手をつないだり、肩を組んだり、みんな楽しそうです。
けれども、実はこれ、ただの記念撮影ではないのです。
2日目の模型づくりに使うツール「ミニモノサシ」をつくるために、この写真が必要となります。ミニモノサシは、分身モノサシを1/5の大きさに縮小したものなのですが、これはのちほど登場します（P.35参照）。

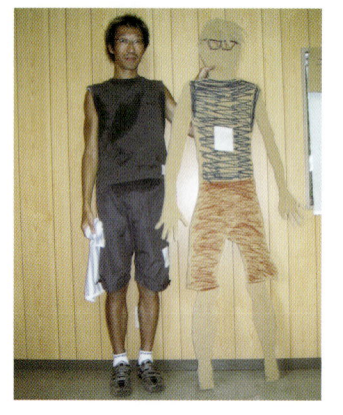

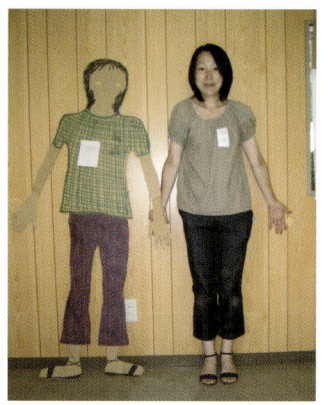

迷子救出大作戦！分身をさがせ

みんなの分身モノサシを集めて、ごちゃごちゃに混ぜて、裏返しにして地面にばらまきます。さぁ、自分の分身モノサシをさがしてみよう。トランプの神経衰弱のようなゲームです。洋服などの特徴が見えなくなってしまったから、さがすのは難しいかもしれない、というスタッフの心配をよそに、子どもたちはあっという間に自分の分身モノサシを見つけてしまいました。このようなゲームによって分身モノサシとなじんだところで、園内を探検に出かけます。

2

指令書に従って園内を探検する

指令書を首からぶらさげ、分身モノサシを連れて園内を探検します。指令書とは、子どもたちに見つけてもらいたいことや考えてもらいたいことに導くような指令が書かれた冊子で、スタッフが事前に用意しておきます。

どんな指令があるのか、ちょっとのぞいてみましょう。「自分の目の高さのものはなんだろう」、「せいくらべ、これと同じだ」、「畳の面積は手のひら何個分？」など、楽しみながら自然と寸法に意識が向くような指令が満載です。

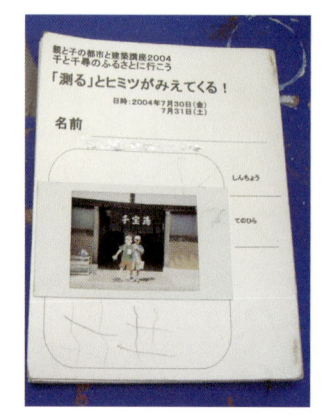

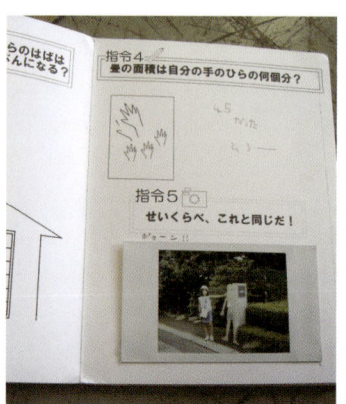

違う目線で世界をながめる

子どもが大人の分身モノサシの目からのぞいてみると、どのような風景が見えるのでしょう。逆に、大人が子どもの分身モノサシの目から見てみるとどうでしょう。世界はこんなにも広いと実感できるはずです。この体験はプログラムの重要ポイントです。分身モノサシの目から見ると、焦点が定まり、目の高さを合わせるだけでは見えない風景を獲得できます。世界がこれまでと違って見えるでしょう。分身モノサシに目をあけたのは、このためだったのです（P.27参照）。

分身モノサシとあそぶ・あそぶ・あそぶ

分身モノサシをベンチに寝かせたり、自転車に分身モノサシを乗せたり、カウンター越しに分身モノサシと対面したり、指令書をすべてクリアしたあとも、子どもも大人も自分でどんどん分身モノサシとの遊びをつくりだしていました。
分身モノサシと一緒にいると、ついつい、いろいろとやってみたくなるみたいです。たしかに、自分とそっくりな分身と一緒に遊ぶということは、ワークショップのような機会がなければできない不思議な体験です。

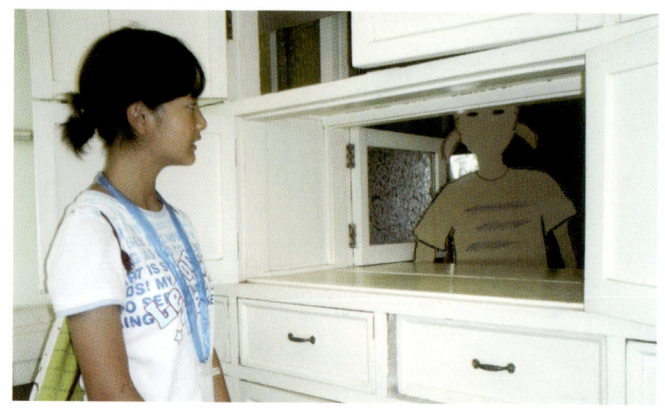

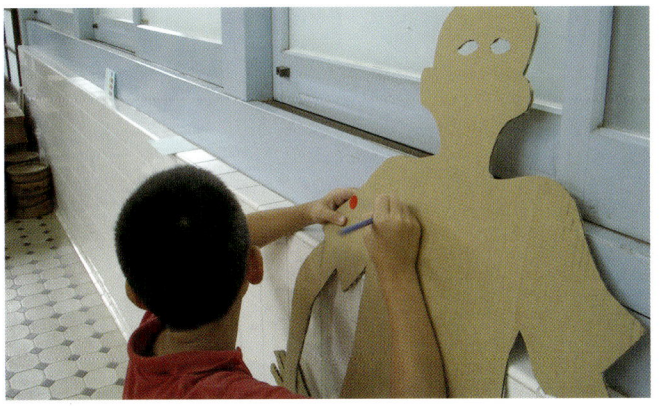

いざ、子宝湯へ、分身モノサシで測る

ワークショップ2日目。いよいよ子宝湯の模型をつくります。子宝湯は昭和初期の銭湯の復元建物です。

まずは、子宝湯の寸法を測ります。ただし、巻尺のような目盛のついたモノサシは使いません。前日につくった分身モノサシの出番です。これがモノサシがわりになります。

「窓台の位置はぼくの肩の高さくらいだな」。「ベビーベッドの幅を測るのはてのひらモノサシが便利だね」。測ったところは忘れないように分身モノサシにシールを貼っておきます。

スケッチが大切

分身モノサシで寸法を測ったら、スケッチを残しておきましょう。スケッチがないと、あとで見たときにどこを測ったのかわからなくなってしまいます。ふと見ると、壁を1面ずつていねいに描いている子どもがいます。これは建築の分野で「展開図」と呼ばれる図面で、室内のデザインや高さなどの情報を伝える役割をもちます。子どもたちは、いちいち教えてもらわなくても、必要な方法は自分で生み出して、プロの建築家のようなスケッチをたくさんつくりだしていました。

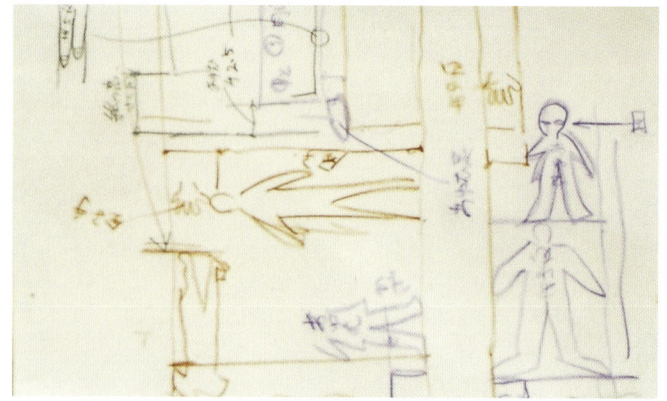

ミニモノサシ登場

いよいよ模型づくりです。ここでミニモノサシが登場します。縮尺1/5の模型をつくるガイドとして、分身モノサシの1/5の大きさのミニモノサシをスタッフが前日に作成しておきます(P.28参照)。建築家は三角スケールという道具を使います。ミニモノサシは三角スケールと同じ機能をもち、わざわざ計算しなくても簡単に1/5の大きさを測ることができます。模型の大枠ができてきたら、富士山の絵を描いたり、ビニールテープでお湯を表現したり、細部をつくり込みます。

とうとう模型完成

4チームに分かれて、男湯・女湯・男脱衣所・女脱衣所の模型をつくり、最後に4つの模型を合体して子宝湯が完成です。記念撮影は、チームごとに模型のなかに入って写します。そこで終わるかと思いきや、子どもたちは模型のなかにミニモノサシを入れて遊びはじめました。このミニモノサシと模型の大きさの関係は、実際の人と建築の大きさの関係と等しいから、ピッタリ合って違和感なく遊べます。そして、分身モノサシとミニモノサシをおみやげにして解散しました。

これまでプログラム・デザインとして紹介した内容のタイムスケジュールは下記のとおりです。

【1日目】

1．受付・集合　　　　　　　　　（10:00 − 10:15）
受付・集合場所は江戸東京たてもの園の入口です。

2．アイスブレイク　　　　　　　（10:15 − 10:50）
「大きな輪」、「小さな輪」、「クロスの輪」など寸法を意識できるゲームをします。参加者同士が打ち解けたころ、手つなぎ鬼などのゲームをして4つのチームを編成します。

3．分身モノサシづくり　　　　　（10:50 − 12:00）
分身モノサシ・てのひらモノサシについて、サンプルを見せながらつくり方を説明したあと、チームごとに作成します。

4．昼食・休憩　　　　　　　　　（12:00 − 13:00）
園内には食事処がありますが、混んでいたり、休みだったりして、利用できないことも想定されます。そのため、あらかじめ参加者にはお弁当を持ってくることをお勧めしておきます。

5．分身モノサシあそび　　　　　（13:00 − 13:15）
裏返した分身モノサシをさがす「迷子救出大作戦」と題するゲームを通して分身モノサシとなじんでいきます。

6．指令書探検　　　　　　　　　（13:15 − 14:40）
指令書と呼ばれる活動指示書に従って、チームごとに分身モノサシを持って園内を探検します。

7．発表会　　　　　　　　　　　（14:40 − 15:00）
一人ひとり、お気に入りの指令と回答を発表します。
（15時以降、スタッフは翌日の準備を行います）

これは2日間にわたるプログラムですが、1日で完結するものもあります。詳しくはプログラムの活用事例で紹介します。

【2日目】

1．再受付・集合　　　　　　　　（10:00 − 10:15）
集合場所は前日の作業場所であるプレハブ小屋です。メンバーがみんなそろっているか、チームごとに確認します。

2．子宝湯を測る　　　　　　　　（10:15 − 12:00）
遠藤勝勧先生から実測スケッチのつくり方についてわかりやすく説明してもらったあとで、チームごとに子宝湯を実測します。測るときには巻尺などの目盛のついたものさしを使わず、分身モノサシとてのひらモノサシを用います。実測スケッチは前日配布した指令書の裏側に記入します。

3．昼食・休憩　　　　　　　　　（12:00 − 13:00）
ワークショップの疲れが出てくるころなので、積極的に水分を補給し、休憩をとるように声をかけます。とくに夏の暑い日に実施する場合には、注意が必要です。

4．子宝湯をつくる　　　　　　　（13:00 − 15:30）
ミニモノサシを用いて、チームごとに子宝湯の模型を制作します。最後に4つの模型（男湯、女湯、男脱衣所、女脱衣所）を合体させて完成です。なお、模型の土台となる床と2面の壁は、事前に学生が制作しておきます。

5．発表会・記念撮影　　　　　　（15:30 − 16:00）
模型づくりで工夫した点などをチームごとに発表します。記念撮影は、チームごとに模型のなかに入って行います。最後に、参加者とスタッフが全員集合したところを写して解散です。
なお、参加者のなかでご協力いただける方には、感想や意見などをアンケートに記入してもらい、今後の活動に反映させます。

タイムスケジュール

2

B. プロセス・デザイン

準備段階からワークショップははじまっている

このプログラムは、建築家の遠藤勝勧さんの著書『見る測る建築』（TOTO出版、2000年）に発想のヒントを得ています。寸法に関する新しいプログラムの開発に向けて、日本建築学会子ども教育事業委員会の村上美奈子委員長（当時）の監修のもと、コアスタッフが企画会議を重ねました。この会議でプログラムの方向性がおおむね決定した段階で、学生スタッフを募集しました。

コアスタッフとして、専門的な知識や技術をもち、かつ機動力がある人材を求めて、若手建築家やワークショップのエキスパートなどの4人を選出しました。遠藤勝勧さん、村上美奈子委員長とともに8回の企画会議を行い、「『測る』とはどういうことか」といった本質的な議論からはじめ、プログラムを検討し、ツールを試作し、現地調査を行いました。

学生スタッフは、日本大学、法政大学、芝浦工業大学、東京電機大学、東京都立大学（現　首都大学東京）など、さまざまな大学から13人の学生が集まりました。全体準備会議を3回、担当別準備会議を4回行い、前日にプレワークショップを実施して当日に備えました。

遠藤勝勧
『見る測る建築』
TOTO出版
2000年

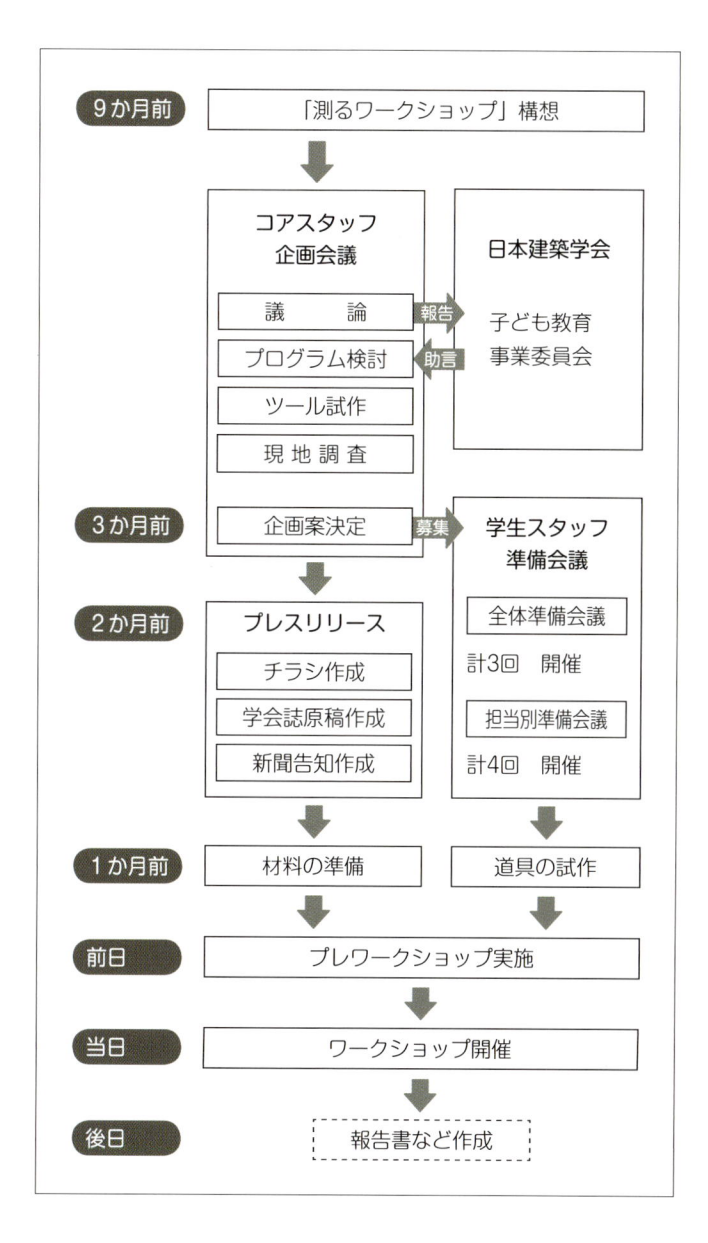

当日までの準備

2

- 9か月前：「測るワークショップ」構想
- コアスタッフ企画会議（議論／プログラム検討／ツール試作／現地調査）— 日本建築学会 子ども教育事業委員会（報告／助言）
- 3か月前：企画案決定 → 募集 → 学生スタッフ準備会議
- 2か月前：プレスリリース（チラシ作成／学会誌原稿作成／新聞告知作成）／全体準備会議 計3回開催／担当別準備会議 計4回開催
- 1か月前：材料の準備／道具の試作
- 前日：プレワークショップ実施
- 当日：ワークショップ開催
- 後日：報告書など作成

39

企画会議 2

●目的を明確にして共有する

ワークショップの目的を明確にして、スタッフみんなが共有していること、あたりまえと思って確認することを忘れてしまいがちですが、これこそが大切です。目的があいまいだったり、各スタッフがよく理解していなかったりすると、何をやりたいのかよくわからない企画になってしまいます。

●議論を膨らませる

このワークショップでは、「測る」とはどういうことか、という本質的な議論からはじめました。さらに、ワークショップはどうあるべきか、建築家とはどういう人か、などと議論を膨らませたうえで、具体的なプログラムの検討に入りました。議論の的を絞る前に徹底的に膨らませることで、奥行きのあるワークショップが生まれます。

議論を膨らませるときには、論理的に進めることにこだわらずに、突拍子もないと思われることもおそれず自由に発言できる雰囲気をつくるように心がけましょう。

●記録を残す

膨らませた議論の内容を整理するときは、小紙片にキーワードを書き記し、内容ごとにまとめる方法(KJ法)が便利です。まとめた結果をそのままデジタルカメラで撮影すれば、あまり手間をかけずに記録を残しておくことができます。

議論の過程で生まれた言葉には、ワークショップの核になる考え方が宿っていることが多いので、少し面倒かもしれませんが、きちんと議事録を残しておくことをお勧めします。

さてここで、このワークショップの企画会議で議論された言葉を具体的にいくつか紹介しましょう。

身体寸法について

・視点が変わると世界が変わる。脳性麻痺で床に這う生活をしている人の住宅を設計したとき、床レベルを900上げたら視点が高くなり、低木のてっぺんが見え、池が広く見え、池の中の金魚も見えた。世界が違って見えた。

議論を膨らませる　　　　　　　　　　　　分身モノサシを試作する

- 自分が気持ちいいと感じる寸法がある。子どもにも自分の好きな寸法があるようだ。公園で観察していると、穴がいくつかあいている遊具で、ある子どもが何度も同じ穴に体を入れてすぽっとはまっていた。その子どもにとっては、その直径がちょうど心地よいのだろう。
- 人の寸法、物の寸法、空間の寸法。このワークショップでは、これら3つの寸法の関係が鍵になるのではないか。
- 寸法を決める背景に、その人が持っている価値観がある。これも重要な要素だろう。

建築家と寸法について
- 寸法を決めることは建築家の大切な仕事。寸法で失敗することは、とても恥ずかしい。
- 手で書くことが大事。手首は10代で決まる。勘が重要。
- 建築家は、実は素人。施主がその道のプロ。だからこそ、建築家は調べ上手でなければならない。
- 住宅が大切だ。住宅の設計において、人、物、空間の寸法関係が最もよく表れている。

ワークショップのありかたについて
- 答えはひとつではない。それぞれの子どもがいろいろな答えをもっていてよい。
- 答えを与えるのではなく、子どもたちが見つけてゆくことが大事。
- 子どもたちには、本物を見せることが大切。よいもの、美しいものを知るには、本物でなければならない。
- 誰よりも早く、誰よりも美しいものをつくりたい、という競争の心をもつことも必要だ。

準備段階では議論するだけにとどまらず、生まれたアイデアをもとにツールを試作しました。分身モノサシはここで誕生しました。人のかたちにダンボールを切り抜き、そして目をくり抜いたときに、あたかも分身モノサシに魂が宿ったようで、スタッフ自身が感動しました。椅子に座らせることもできる、抱えて歩くこともできる、分身モノサシのさまざまな可能性を感じ、プログラムの方向性が決まりました。
準備段階、ここからワークショップははじまっているのです。

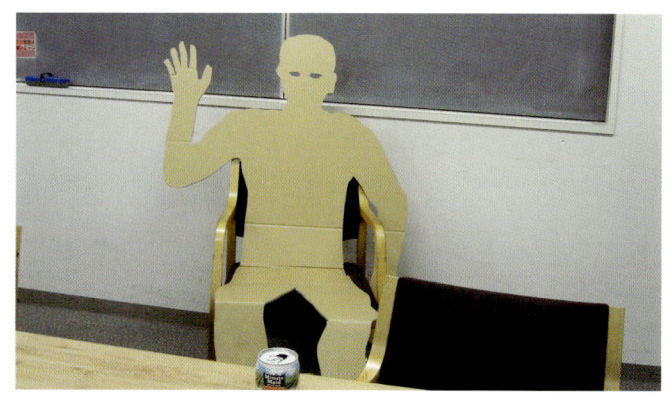

分身モノサシを椅子に座らせる

分身モノサシを抱えて歩く

現地調査 2

現場で考えること、感じることから学ぶことはたくさんあります。議論がまとまってきたら、現場に足を運びましょう。このワークショップでは、当初、江戸東京たてもの園の前川國男邸を舞台とするつもりでした。前川國男邸は日本の近代建築の発展に貢献した建築家の前川國男が設計した自邸です。

試作した分身モノサシとともに江戸東京たてもの園に行ったところ、たしかに前川國男邸は魅力的だけれど、もっとおもしろそうな場所を見つけてしまいました。子宝湯という銭湯です。子どもたちがのびのびと楽しむ姿が目に浮かびます。そこで舞台を子宝湯へ変更し、プログラムを練り直しました。

前川國男邸に分身モノサシを連れていく

前川國男邸にて問題点を検討する

町屋エリアに分身モノサシを連れていく

子宝湯の番台に分身モノサシが！

学生スタッフはさまざまな大学から集まりました。準備会議のはじめのころは、同じ大学の友人同士で話すことが多く、まだ硬い雰囲気でしたが、会議を重ねるにしたがって、立ち上がって白熱した議論を展開するようになりました。
プログラムの枠組みはコアスタッフによってつくられていましたが、学生スタッフが発案して取り入れられたプログラムもたくさんあります。分身モノサシに洋服を着せるというアイデアもそのひとつ。これで自分にそっくりな分身モノサシというコンセプトができあがりました。学生の柔軟な発想力によってプログラムの幅が広がります。

準備会議の当初はまだ硬い雰囲気

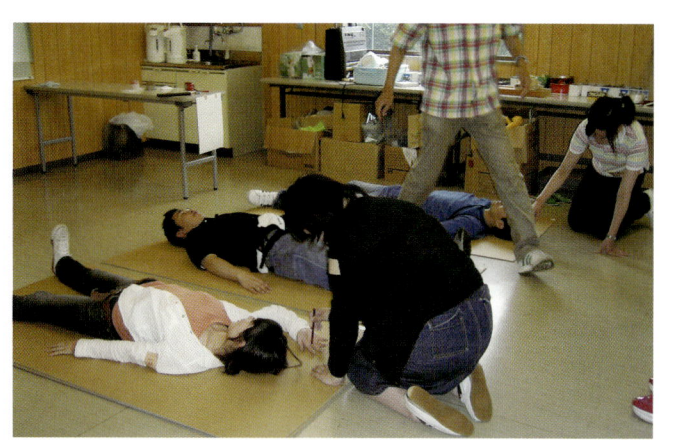

学生スタッフも分身モノサシを試作する

学生スタッフが分身モノサシに洋服を着せることを発案する

会議を重ねるうちに立ち上がって白熱した議論が展開する

プレワークショップ

2

広　報

昨今は子どもたちが習い事やイベントなどで忙しく、参加者を集めるのに苦労するようです。このワークショップでは、小学校や児童館に募集チラシを配布するとともに、日本建築学会の学会誌や朝日新聞・朝日小学生新聞に募集告知を掲載してもらったおかげで、たくさん方々が参加してくれました。

取　材

当日はNHKと毎日小学生新聞の取材を受けました。メディアに取り上げられると準備を進めてきたスタッフの気持ちが盛り上がり、活動を周知するよい機会にもなります。ただし、取材を受けることを目標にしてしまい、ワークショップ本来の目的を見失わないように注意しましょう。

Q. このワークショップで、あなたが見つけたヒミツを教えてください。

【子ども】

- 例のものさしがなくても高さや長さははかれる
- ものさしじゃなくて、メモリがついていなくてもはかれる。ていうのをはじめて知った。
- 体で測ったから「こーなんだ」とか「へー」と思うことがいっぱいあった。
- ちょっとできがきりをつけたらほんものぽくみえた
- ダンボールはきりやすい方ときりにくいのがある

【大人】

- タタミの大きさは人間の体から出した寸法と聞いておりましたがなんとなく理解できました。
- 自分の体が、これだけ測る役にたつのがわかりました。
- ものさしがなくても、物を測ることができる みんなが力を合わせれば、大きなことができる。
- 自分の体で「測る」ことのできる 楽しさ、不思議、そして、発見!! があり、これからもこのスケール感を大切にしたいと思いました。
- 母親の私自身が、このワークショップに子供の時にお会えれば、と思いました。

これらはワークショップ終了直後にアンケートに記入してもらった参加者の声の一部です。このような声にスタッフは謙虚に耳を傾け、学び、今後の活動に反映します。ただ、すぐにはうまく言葉にできなくても、時を経てじわじわと感じることも大切にしたいと思います。

数年前に参加したある子どもは、分身モノサシを今も大切に保管していて、「あのころはずいぶん背が低かった」と身体が成長したことを感じながら、「あのワークショップはおもしろかった」と楽しかったときを思い返すことがあるそうです。印象に残るエピソードのひとつです。

参加者の声

2

活用事例① ―小学校―

2

小学校は、子どもたちにとってなじみのある空間です。このような「いつもの場所」を分身モノサシで測ることによって、スケールを意識した新しい視点で環境を見直すことをねらいとしたプログラムを開発しました。

ワークショップの舞台に選んだ戸田市立芦原小学校は、建築家がていねいにデザインした小学校です。校名を示す大きな看板、開放的な中庭、2 500 〜 4 000 と変化に富んだ天井高など、さまざまなスケールの空間が備わっています。測ることをテーマにしたワークショップをするのにふさわしい空間だと思いました。ところが、いざ分身モノサシで測ってみると、なかなかうまくいきません。たとえば、教室の天井高は子どもの身長の 2 倍以上ということはわかったけれど、そこにはどのような理由があるのかしら。よくわからないなぁ、このままじゃ、ぼんやりしたあいまいな企画になってしまう。いったい小学校のどこを測れば、身体の寸法と空間の寸法との関係を子どもたちに理解してもらえるだろう。スタッフはあれ

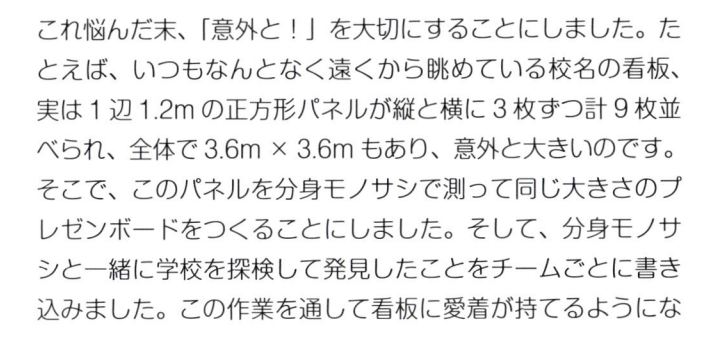

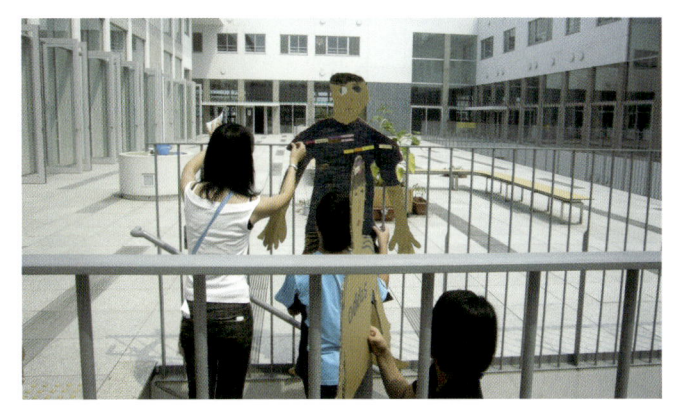

これ悩んだ末、「意外と！」を大切にすることにしました。たとえば、いつもなんとなく遠くから眺めている校名の看板、実は１辺1.2mの正方形パネルが縦と横に３枚ずつ計９枚並べられ、全体で3.6m×3.6mもあり、意外と大きいのです。そこで、このパネルを分身モノサシで測って同じ大きさのプレゼンボードをつくることにしました。そして、分身モノサシと一緒に学校を探検して発見したことをチームごとに書き込みました。この作業を通して看板に愛着が持てるようにな

るといいなという願いを込めて。
こうした名物看板のような空間的特徴がない小学校で実施する場合には、机や椅子などの家具、跳び箱、階段、手すりといった身体の寸法と関わりが深いものを測るとよいでしょう。千代田区立麹町小学校で実施したプログラムでは、机、黒板などの家具を分身モノサシで測って模型をつくりました。
１年生と６年生では身体の大きさが違うので、違いを体験できるプログラムをつくっても、おもしろいかもしれませんね。

活用事例② —アトリウム—

2

アトリウムという大空間で行ったプログラムを紹介します。舞台は晴海トリトンスクエアのグランドロビー。ここは3棟の高層オフィスビルをつなぐアトリウムで、日常の生活空間ではなく、不特定多数の人たちが行き交う空間です。身体とアトリウム、かけ離れたこのふたつをどうつなぐかが課題となります。手がかりのひとつとして導入したのが「キリン」です。キリンは誰もが見て知っているもので、大きなもののイメージとしてふさわしいと考えました。

最初に「グランドロビーにキリンがいたら」というお題を出しました。グランドロビーの断面図にキリンの大きさを想像して描くというものです。みんな思い思いにキリンの絵を描きました。答え合わせはすべての活動が終わった最後に行いました。正解よりも大きなキリンを描いている人が多かったようですが、なかにはとっても小さなキリンもいました。スケール感をもつということは、なかなか難しいものですね。
大空間のスケールをつかむには、「部分と全体」を意識して考

写真提供：宮元三恵、大岩久美

えることが有効です。この高さは子ども何人分、この広さはタイル何枚分などと、身体の寸法や工業製品の規格をもとに、「基準の何倍」とかけ算をして、全体の空間の大きさを把握することができます。そうして大空間のスケールを把握してから、いよいよ「縦を横にして考える」というお題で、グランドロビーの天井の高さ（縦）を予想して、床にその長さ（横）のひもを伸ばしてみました。答え合わせでは、ひもの先に風船を結んで天井に向かって浮きあげて実際に測ります。背が届かないところの高さを測る方法はほかにもありますが、ここで重視したのは、ただ測るだけでなく、予想してから（自分が感じる大きさを意識してから）、検証する（実際に測る）というところです。つまり、このプログラムの目的は、自分が感じる大きさと実際の大きさの違いを知る、もっと単純にいえば、自分の感覚を疑ってみる、ということなのでした。
なお、このワークショップは東京芸術大学（当時）の宮元三恵さんが中心となって企画・運営したものです。

活用事例③ ―路地―

2

屋外空間を測りたい、分身モノサシはまちに飛び出しました。月島の路地を探検したあと、晴海トリトンスクエアのグランドロビーに路地のスケールを再現するというプログラムです。路地や建物の寸法に隠されたヒミツを発見することがねらいです。あわせて、昔ながらの下町（月島）と新しく開発されたまち（晴海）のふたつの空間体験を通して、自分たちのまちについて考えるきっかけをつくることを目的としています。まず大切なのは、じっくり路地を体験することです。楽しく探検しながらも寸法に意識が向くように、3つの指令を出しました。第1の指令は、1人で路地のなかにあるさまざまなスケールを探すこと。たとえば「自分の腕の長さと同じものをさがそう」などです。第2の指令は、2～3人で協力して民家を測ること。軒の高さ、路地の幅などを測りました。そして第3の指令は、みんなで協力して路地の長さを測ること。路地は50mにも及び、分身モノサシでは測りきれないので、何回も手つなぎリレーを繰り返して測りました。

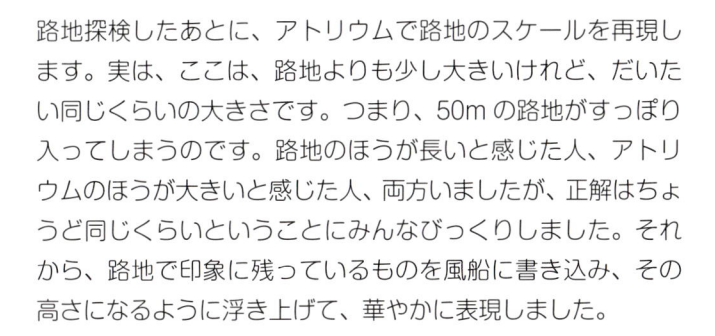

路地探検したあとに、アトリウムで路地のスケールを再現します。実は、ここは、路地よりも少し大きいけれど、だいたい同じくらいの大きさです。つまり、50mの路地がすっぽり入ってしまうのです。路地のほうが長いと感じた人、アトリウムのほうが大きいと感じた人、両方いましたが、正解はちょうど同じくらいということにみんなびっくりしました。それから、路地で印象に残っているものを風船に書き込み、その高さになるように浮き上げて、華やかに表現しました。

このワークショップで月島を舞台に選んだのは、路地という多様なスケールが共存する空間があるからです。ほかの地域で実施する場合にも、歴史的評価があるかどうかに関わらず、人々の生活が根づいている場所を選ぶとよいでしょう。
このような暮らしがみえる屋外空間でワークショップを行うときには、地域の方々の協力がなくては成り立ちません。地域の方々と事前によく相談して、当日は温かく見守られて、のびのびと活動できるようにすることが大切です。

活用事例④ ―町屋―

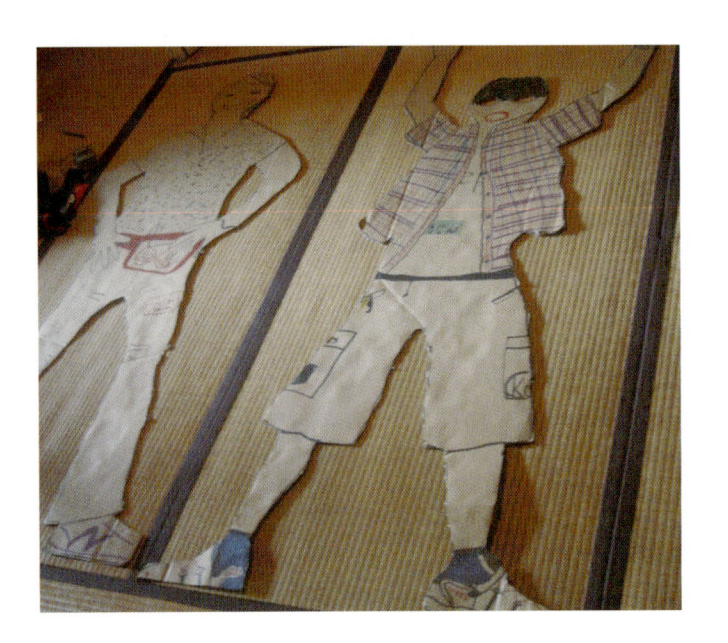

2

最後に、住宅を対象としたプログラムを紹介します。住宅には人と物と空間の寸法関係がよく表れています。測ることをテーマとしたプログラムにふさわしい空間といえるでしょう。とはいえ、人が実際に生活している家のなかにたくさんの人が立ち入ってワークショップを行うのは、なかなか難しいものです。そこで、江戸東京たてもの園にある農家や商家に着目し、ここを分身モノサシで測ることにしました。これらの住宅は、江戸後期や昭和初期に建てられたものです。みなさんが住んでいる家よりも、きっと、少し古い住宅でしょう。

さて、分身モノサシを畳に寝かせてみると、ちょうど一畳分になることを発見！「起きて半畳寝て一畳」って言葉があるんだよ、と教えてもらいました。きみが住んでいる家には畳の部屋はあるかな、あったらお家でもやってごらん、もしかしたら「寝て一畳」じゃないかもしれないよ、今の畳はちょっと小さいんだ、団地サイズって呼ばれているよ、と話がはずみます。棚の高さを測るのも一苦労です。ここまでしか手が届かないよ。上の方のモノはどうやって取るのかな。あ、はしごがある。これを使って上がるんだね。

住宅は、日々の暮らしの舞台となる空間です。だから建築についての専門的な知識がなくても、生活の知恵にもとづいて、人と物と空間の寸法の関係を大人が子どもに教えられます。子どもたちが自分の頭で考えることもできるでしょう。

さて、このように、測ることをテーマとして分身モノサシを使ったワークショップは、住宅はもちろん、小学校、アトリウム、さらには屋外空間など、さまざまな場所で広く展開しています。さあ次は、分身モノサシはどこで活躍するのかな。いつか、どこかで、みなさんにも会えることを願っています。

3 人間温度計になろう
「暑さ・涼しさ」「あたたかさ」のヒミツさがし

ワークショップをはじめる前に………54
A. プログラム・デザイン……………56
　プログラムのながれ………………57
　種明かし……………………………68
　タイムスケジュール………………71

B. プロセス・デザイン………………72
　当日までの準備……………………73
　参加者の声…………………………75
　活用事例―冬の陣―………………76

ワークショップをはじめる前に 3

住まいとまちの微気候

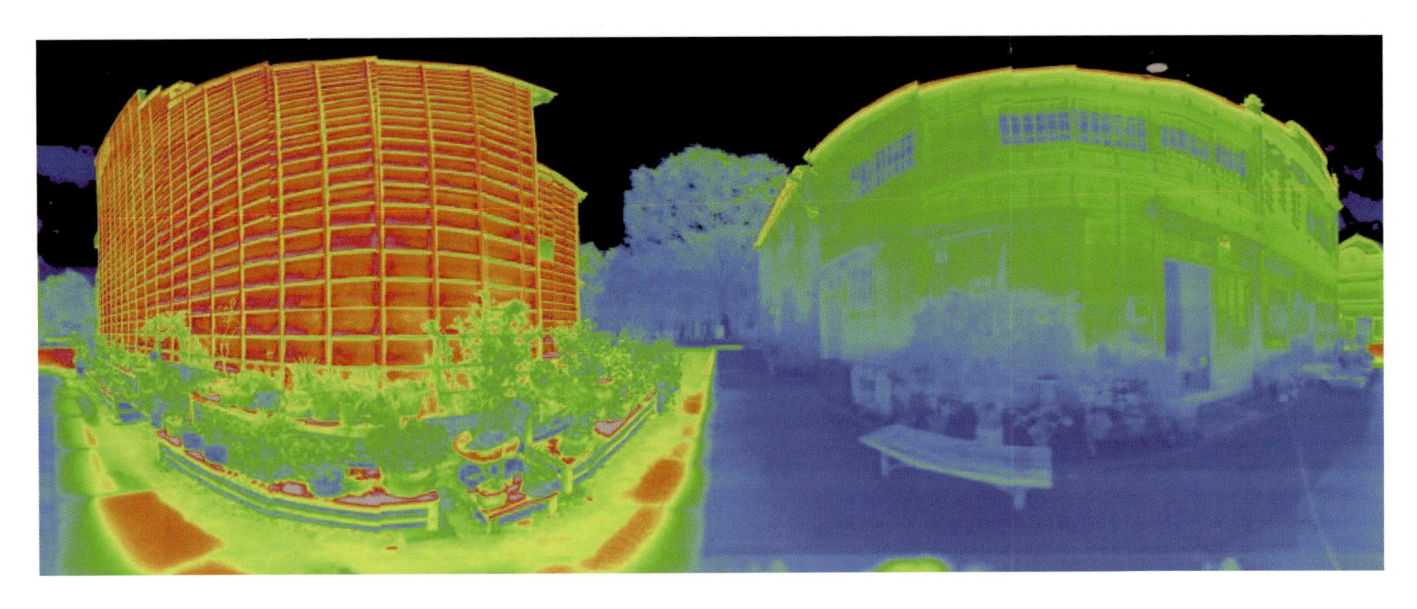

季節の移ろいに応じて、日本人は古くから暮らしやすさの工夫を重ねてきました。建築の高断熱・高気密化と空調設備の向上に伴い、いつしか夏場は冷房の温度を下げ、冬場は暖房のスイッチを入れて快適さを得ることが当たり前になっています。しかし、住まいやまちなかを注意深く観察すると、あちらこちらで温熱感に違いがあることに気づくでしょう。例えば猫は、居場所を転々と変えます。いつも一番心地よい場所を心得ていて、移動し続けているのかもしれません。涼しさや暖かさにはエアコンの温度設定だけではない何かヒミツがありそうです。

実は、そのヒミツを微気候と呼び、素材や構成といった空間そのものが深く関係するのです。このワークショップでは、「気温は同じでも心地よい場所・暑さを感じる場所」の発見を主に、住まいとまちの微気候について学びます。

ワークショップという非日常的な場が、日々の生活の延長となるよう、民家の住人に扮した擬似家族が、まち歩きに出かけるという状況設定をしています。舞台は、多くの建物が移築・保存されている江戸東京たてもの園です。

センサーとしてのカラダ

熱環境というと、多くの人が温度計を思い浮かべるかも知れません。ところが、このワークショップでは温度計などの機械・器具を使いません。猫が、敏感に微気候を察知し心地よい場所を移動しているのであれば、人間はその能力を失ってしまったのでしょうか。きっとそうではないはずです。このワークショップのもうひとつのねらいは、環境に敏感なカラダのセンサーに気づくことです。参加者は、手・顔・足・全身をセンサーに見立て、「人間温度計」として活動します。

暑さ・涼しさ・暖かさという感覚には、日射・表面温度・気流・気温・湿度といった環境側の要素と、運動や着衣といった人間側の要素が関係しています。つまり、気温は要因のひとつでしかありません。

ワークショップでは、手渡される「指令」によりカラダのセンサーで環境要素を感じ取るよう工夫を凝らしています。特に、同じ場所つまり気温が同じ状況で、空間を取り巻くさまざまな素材の表面温度を、カラダで感じる機会を設けています。直接手や足で触れるだけではなく、手を近づけたり顔を向けたりして「あつさ」を体験したり、紙を間に挟んでその違いを感じたりします。

環境側の要素に焦点を絞った夏企画に続き、冬企画（P.76～80参照）では、着衣や運動といった人間側の要素も加えたプログラムを実施しました。

A. プログラム・デザイン

はじまりはゲーム形式の地図パズル！
涼しさのヒミツ探しに出かけよう

アイスブレイクのあとは役づくり

参加者は、今日１日、江戸東京たてもの園にある民家の住人に扮します。民家の暮らしについて話を聞き、民家の座敷でお弁当を食べるひとときが、役づくりの時間になります。

その後、手・足・顔・全身それぞれをセンサーに見立てるための説明を受け、人間温度計になるコツを習得。手や顔を、地面や木・壁に近づけたり空にかざしたりして、感じ方に違いがあるか試してみました。

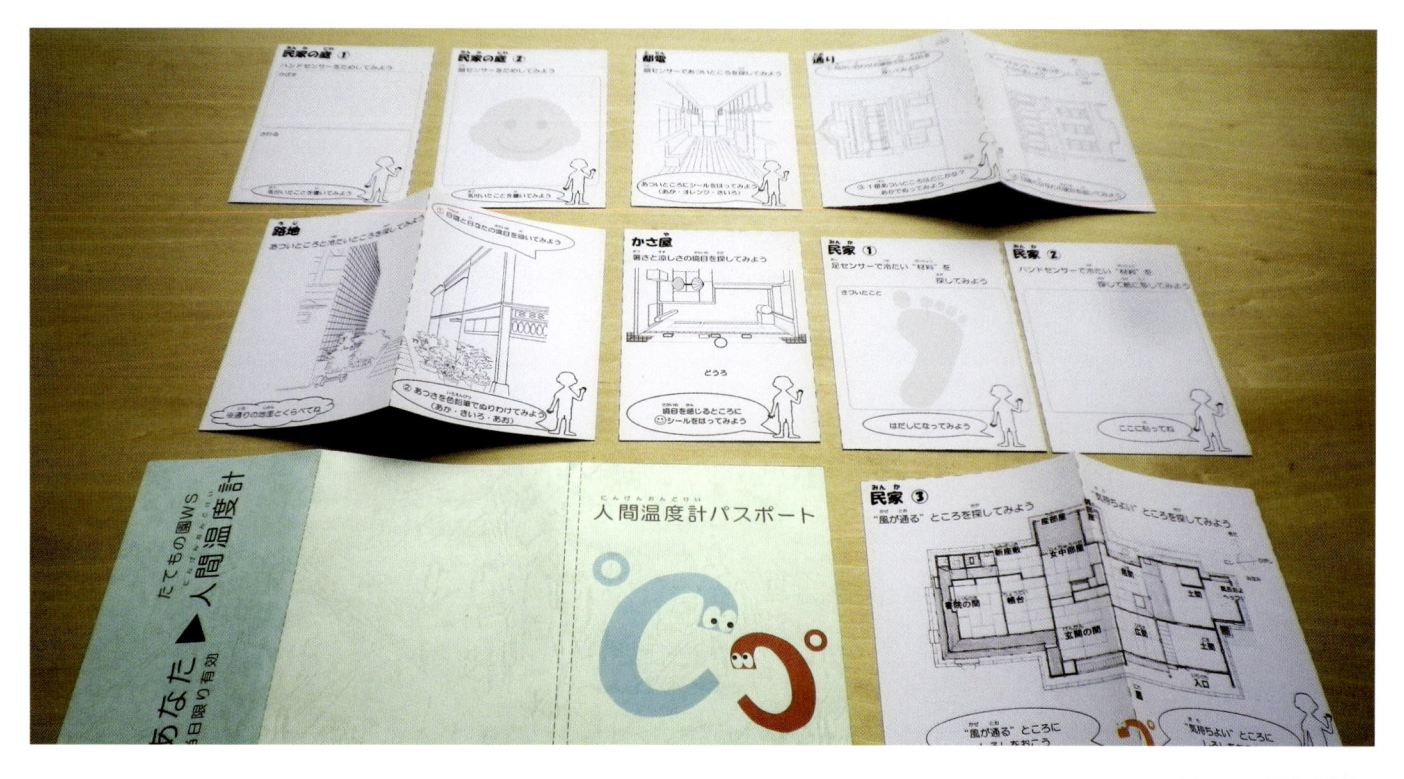

いざ、まちに出発！

アイスブレイクの地図パズル探し（P.18 参照）は、チーム分けを兼ねています。参加者はシャッフルされ擬似的家族のチームとなり、まち歩きのパスポートと地図を持って出発します。今回は、会場（江戸東京たてもの園）の＜都電＞＜大通り＞＜路地＞＜かさ屋＞がチェックポイント。各地点で待機する学生から、指令カードとヒントが出されます。パスポートは、手渡されたカードを挟んで持ち歩くファイルになっています。上の写真の左下がパスポート、残りが指令カードです。

都電に乗って

たてもの園に展示された都電では、車掌さんに扮した学生ファシリテーターが出迎えました。

目をつぶり、顔をアチコチに近づけて、あつさのヒミツ探しがはじまります。屋根に近づけたとき、表情が変わりました。さっと触れると驚くほどの熱です。

次に、顔と屋根の間に紙をかざしてみました。たったそれだけで、あつさは少しやわらぎます。

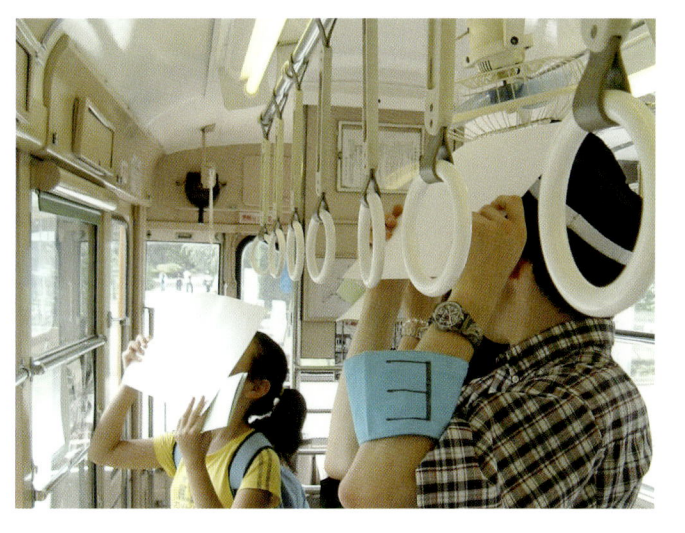

大きな通りを手で測る

看板建築と呼ばれるお店が向かい合う、南北方向の大通り。銅板・木・ガラス・石など異なる素材にハンドセンサーをかざし、比較してみました。また、東西に向き合う建物で、日照の影響を確認しました。ハンドセンサーは、直接さわるだけではなく、少し離したままでも働くはず…。「目をつぶると、感じやすいよ」と、そっとアドバイスします。

右の図は、参加者に手渡した指令カードです。通りと建物の方位や素材がここでのポイントです。

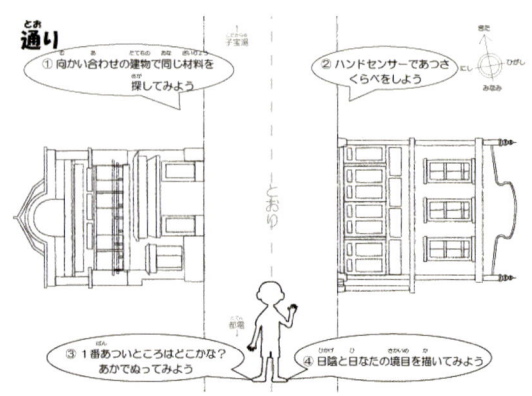

路地で打ち水

大通りに交差した路地では、打ち水を体験しました。子どもと一緒に大人たちも楽しそうです。

路地には、石・土・板壁・鉢植えがあり、それぞれハンドセンサーで確かめます。手でペタペタと触ってみたり、手をかざしてみたり…。打ち水をしたところとそうでないところ、素材や方位の違いを体感します。

また、目をつぶって路地を歩いてみました。アスファルトで舗装された通りまで歩き、顔センサーの反応を確かめます。

指令カードはヒントの宝庫

手渡されたカードには、チェックポイントごとの作業が盛りだくさん。色鉛筆で描き込んだり、シールを貼ったり…。夢中で作業したカードを、お互いに見せ合っていました。チームという擬似的家族の一体感を感じるシーンです。

カードをため込んだパスポートは、一人ひとりの成果です。プログラムの後半の振り返りの時間に、資料として活用しました。子どもたちには、夏休みの記録にもなります。参加者に持ち帰っていただきました。

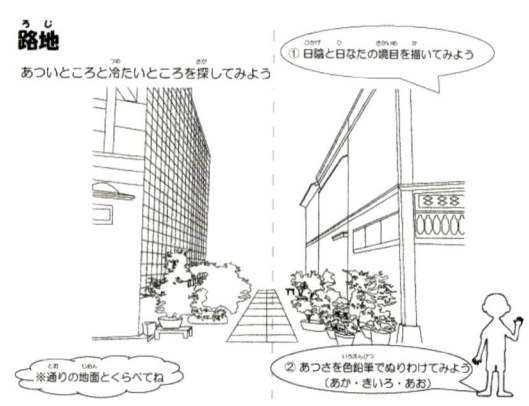

空から何か落ちてくる・・・？

いいえ、そうではありません。
アスファルト舗装の路上で、目をつぶってうつむいたり、空を見上げたりして、顔センサーの実験をしている様子です。夏の暑さに、思わずうなだれて歩いている人も多いかもしれません。そんなときに、思い切って顔を上げるとどうなるか、試してみましょう、という前振りでした。
実は、路上で下ばかり向いていると、暑さを余計に感じます。ハンドセンサーで舗装面を調べてみると、そのヒミツが見えてきます。真夏は、日除けの帽子をかぶって、きりっと顔を上げて歩くことをお勧めします。

店先のひんやり感
･･･ 暑さ涼しさの境目さがし

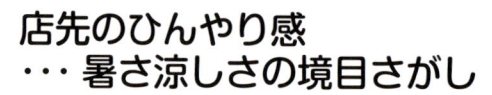

お店の入口で、暑さが涼しさに切り替わる、そんな境目探しからはじめます。右の図は、その結果を記す指令カードです。次に、店先に立ち、外を向いたりくるっと反転してお店の中に体を向けたりして、顔のほてり方の違いを比べてみました。この実験のポイントは、クーラーを使わないことです。お店の窓や戸を開け放して、換気扇も止めておきました。こうしておくと、屋内と屋外の気温はほぼ同じです。また、同じところに立って体の向きを反転しても、風の条件に違いはありません。

そこでヒミツ探しがはじまります。店先には日を受けたアスファルトの道路があり、室内は日陰の空間です。顔センサーで確認した後、お店の中と外、このふたつの空間をあちこちペタペタ触って比べてみます。ヒミツ探しは、違い探し。ファシリテーターが、その気づきを引き出します。

かさ屋
暑さと涼しさの境目を探してみよう

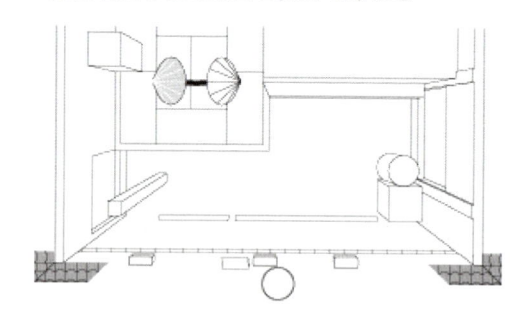

境目を感じるところに☺シールをはってみよう

民家に戻って、まずはひんやり体験！

まち歩きを終え、各チームが民家に戻ってきました。靴を脱いで、土間・板の間・畳の上をぺたぺたぺた。ごろんとなって体全体でほてったカラダを癒します。
土と石灰と水で固めた三和土（タタキ）、無垢板の床・壁・窓枠、左官壁、畳など、古民家特有の素材で、ひんやり感を確かめます。各自気になる素材を鉛筆で紙に写し取って、パスポートに貼り付けました。（フロッタージュと呼ぶアートワークのひとつです。）

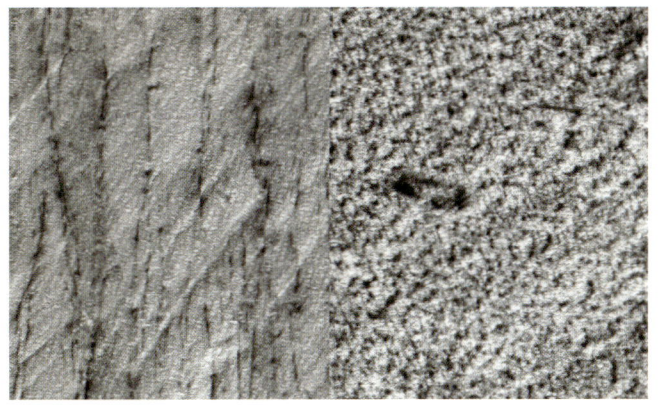

民家の中で、心地よい場所さがし

一息ついたところで、風の通り道と心地よい場所を見つけて一人ひとりが目印を置きました。この一息つく、ということもポイントで、一度熱せられた身体をリセットさせることを意図しています。軒下・内縁・広間をぐるりとまわり、引戸や格子窓に手をかけて、居場所さがしの時間です。

紙粘土にモールと旗を挿した目印は、参加者一人ひとりが好きな形に手を加えたものです。民家のあちこちに置かれた目印たちは、まるでインスタレーション作品のようでした。

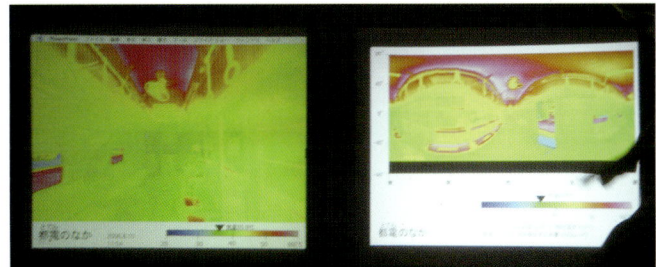

さあ、今日を振り返りましょう

まずは、チームに分かれての作業です。各自の指令カードを見せ合って、一人ひとりがチェックシートに感想をまとめます。また、地図パズルの各ピースはチェックポイントごとに分かれており、裏面に評価を書き込みました。
その後、全体で集まり、地図パズルの裏面を使って皆の前で発表を行いました。

種明かしレクチャー

講師の梅干野晁先生によるレクチャーです。ちょっとかしこまった雰囲気に。まずは「みなさん、うまく人間温度計になっていたね」との言葉で場がほころびました。
チェックポイントごとに、熱画像を使った解説がはじまります。空間の構成と素材、そしてその表面温度を読み取りながら、暑さ・涼しさの種明かしに、参加者は耳を傾けました。

種明かし 3

暑さ・涼しさのヒミツに気づきましたか？　これから種明かしのはじまりです。
人はどんなときに涼しく感じるのでしょうか。主な要素を4つあげてみます。

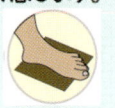

1) 足や手で直接何かに触れたとき、ひんやりすると、涼しく感じます。
手で触ってひんやりする／足で触ってひんやりする

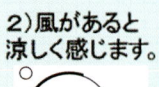

2) 風があると涼しく感じます。
風がある

3) 気温が低いと涼しく感じます。
気温が低い

4) 直接ある面や物体に触れなくても、手や顔の肌が感じる「熱放射」の量が少ないと、涼しく感じます。
手をかざしてひんやりする／ある面を向いたとき顔があつくない

上の図1）～3）は、気づきやすい要素でしょう。天気予報で「ただいまの気温は○○度です。」「今日は北風が強く吹きます。」などと耳にします。特に「気温」は、最もなじみのある指標だと思います。

実は、暑さ・涼しさという感覚は、カラダ（人体）と環境との間で起こる熱エネルギーの移動が大きく関わっています。熱エネルギーの移動には、「放射」「対流」「蒸発」「伝導」の4つの形態があり、環境側から人体側へのエネルギーの移動量が多くなると、より暑く感じるのです（右下図）。

上の図4）は、「放射（熱放射）」によるものです。この「熱放射」は、人間の持つ、暑さ・涼しさを感じる「センサー」を敏感にしないと意識しにくいかもしれませんが、少し慣れると、顔やかざした手で感じることができます。例えば、熱したフライパンに手をかざしたとき、触っていないのに手のひらに感じる「熱さ」が「熱放射」です。

夏の暑い日、アスファルトの道路を歩いているときよりも、公園の木陰で休んでいるときのほうが涼しさを感じます。このとき気温は道路も木陰もほぼ同じ。道路上で日傘をさしていても、道路より木陰の公園が涼しく感じるはずです。
そのヒミツは、周囲の素材の「表面温度」にあります。日差しを浴びたアスファルトは、木陰の公園の土よりも表面の温度が高くなります。その表面温度の差が、熱放射の大小の差となり、暑さ・涼しさの感覚に影響するのです。

身近な住まいやまちは、さまざまな素材でさまざまな形態の空間がつくられており、そこに心地よさの工夫が込められています。空間の設えと素材、あるいは打ち水などの暮らしの所作への気づき、これが私たちの願いでもあります。

次ページに、今回のワークショップでの「暑さ・涼しさ」の種明かしをします。自分の周囲全体の「表面温度分布」を示すことができる「全球熱画像」を使って、目には見えない「ヒミツ」を解説しました。

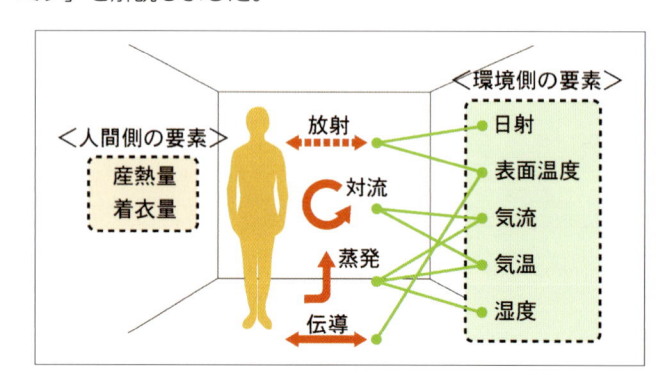

<人間側の要素>
産熱量
着衣量

放射／対流／蒸発／伝導

<環境側の要素>
日射
表面温度
気流
気温
湿度

「都電」の中の暑さのヒミツ

右上の図は都電内の全球熱画像で、赤が表面温度の高いところ、濃い緑が気温と同程度、青が低いところを表します。

強烈な日射により、天井には焼け込みが生じ、表面温度は約60℃を示しています。都電内は、焼けたフライパンに手をかざしたときに感じるような熱を、天井から受けていることになります。また、直射日光が当たる座席部分の表面温度も天井と同程度、そのほかの部分の表面温度も気温より高く、このような表面温度の高さが、都電内、特に天井に顔を向けた場合に強く感じる「暑さ」の要因となっています。

「大通り」と「路地」の熱環境

この大通りは、アスファルト舗装の南北道路です。ワークショップと同じ時間帯（昼ごろ）の全球熱画像（中段）を見ると、舗装面の表面温度は、都電の天井と同じ50～60℃です。つまり、下に焼けたフライパンがあるようなもので、これが大通りの暑さの要因です。また、午前中（上段）は、日射を受ける西側の建物の外壁の表面温度が高く、夕方（下段）は、東側の建物の外壁の温度が上昇します。

夏は12時ごろが暑いと思われがちですが、夕方も比較的気温が高く、西側に樹木を植えるなどの西日対策が、建物内の暑さを効果的にやわらげます。

一方、東西道路の路地（次頁右上参照）は、土の一部に石が敷かれ、壁面沿いに植栽が置かれています。道路幅も狭く、南側の壁と地面には陰ができます。ここでは打ち水を行い、蒸発冷却効果で冷やされた地面や、陰となっている壁面の一部の表面温度は気温以下となっています。植栽も、植物の蒸発散や葉っぱの熱容量の小ささにより、表面温度は気温以下に保たれています。北側の壁面は、日射により温度が上昇していますが、そのほかの部分の表面温度は気温より低く、都電の中や昼の大通りと異なる状況となっています。

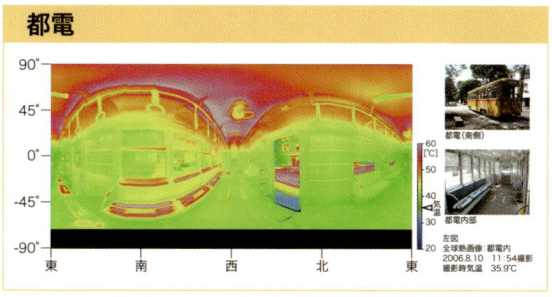

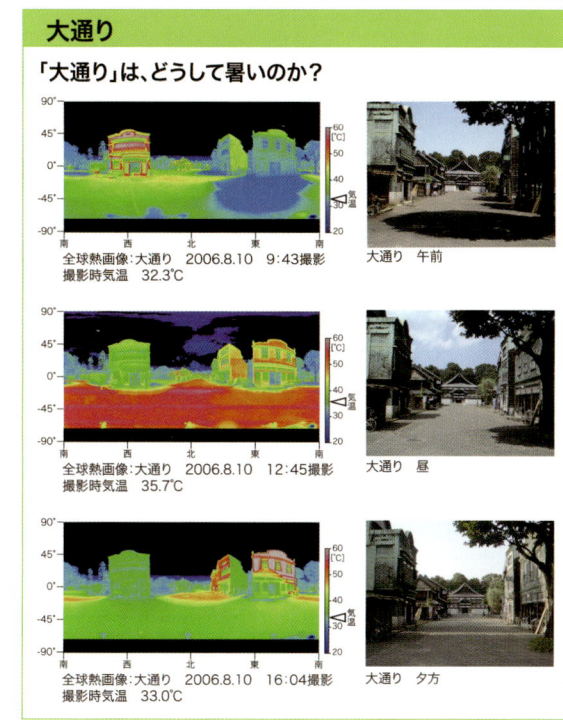

この表面温度は肌で感じるものなので、路地から大通りにゆっくり歩くと、大通りに出たときに、肌がほてる感じが味わえます。この肌で感じる違いが、路地と大通りの表面温度の違い（熱放射の違い）であり、暑さの違いの要因なのです。

「民家」の涼しさのヒミツ

民家の庭には樹木があり、地面に陰を落としています。樹木の下で撮影した全球熱画像（右「民家」の2段目）を見ると、大通りや都電の中と異なり、気温より高い部分はありません。気温は、場所によってそれほど変わりません。つまり、民家の庭が涼しく感じるのは、周囲の表面温度の低さが要因です。

民家には、大きな茅葺きの屋根と深い軒があります。そのため室内の天井に焼け込みがなく、室内への日射の照射も抑制されます。また、開口部が多数あり、風の通り道ができています。これも、現代の住宅との違いで、室内の涼しさの要素となっています。また、板の間部分をはだしで歩くと、ひんやりした感触を得ます。

畳敷の広間（3段目）の表面温度は、火をたいている囲炉裏や頭上の電球周囲を除き、畳、壁、天井は、ほぼ気温と同じです。土間（同下段）は、壁が漆喰、床が三和土（たたき）で、素材の違いが周囲の表面温度の差を生み、畳敷きの部屋よりも低い温度となっています。そのため、同じ民家の中でも、畳の部屋よりも土間のほうが、より「すっと」涼しく感じます。

これらを総合して、民家が涼しい理由をまとめると、以下のことがいえます。

1) 茅葺きの大きな屋根によって焼け込みがない。
2) 深い軒によって日射が室内にほとんど当たらない。
3) 多くの開口部があり、民家内を風が通り抜ける。
4) 表面温度の低い部分（土間や漆喰、板の間など）が多い。
　　（手で触ると冷たく感じたり、顔を向けるとすっとする）

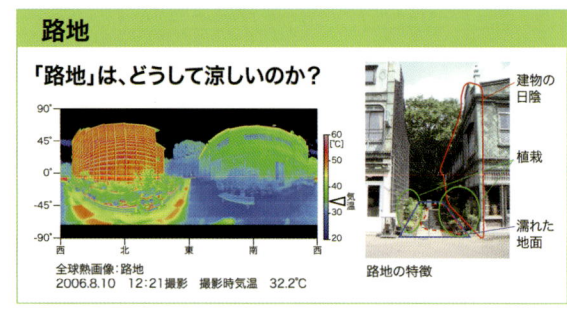

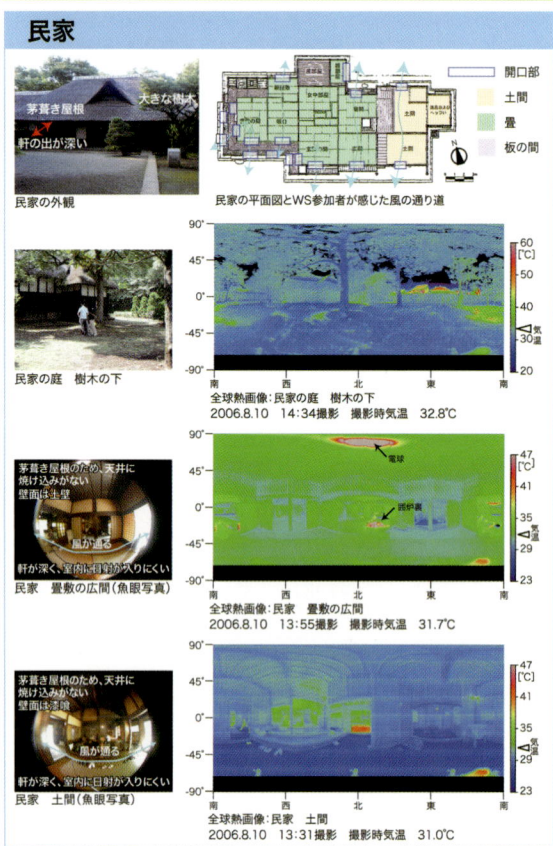

このプログラムは、夏の昼どきが適しています。夏休み中の小中学生が、父母と一緒に参加しやすいよう、週末に開催しました。天候は重要なファクターであり、長期予報を確認しながら日程を決めています。なお、雨天のみならず曇天でも結果に影響が出るため、天候不順時の日程変更や、曇天時の修正プログラムの用意など、対応策をしっかり立てておく必要があります。

午前中にアイスブレイクとプログラムの解説を行いました。参加者が民家の住人に扮するという役づくりと、身体をセンサーにすることに慣れるよう、時間と手順を踏んでいます。昼から、まち歩きと称した屋外ワークショップを開始し、スタート地点の民家に戻って屋内ワークショップ、グループ作業・発表、レクチャーと続きます。
今回は、昭和初期を再現したまち並みと民家を舞台とした企画です。身近なまちや特徴的な建物など、対象を変えたワークショップが可能です。

また、今回は東京工業大学梅干野晁教授による詳しいレクチャーを行うことができました。「ワークショップの種明かし」に掲載した、独自の測定器による熱画像（全球熱画像）を用いています。小中学生のみならず、ご父兄の理解を深める少し欲張った内容です。簡易的な熱画像カメラや表面温度計を用いても、解説の資料を得ることができます。
本ワークショップの本質は、計測器を用いず、身体で環境を測るという点にあります。設備ありきのワークショップでない主旨を理解していただければと思います。

タイムスケジュール

1．受付・集合　　　　　　（10:30 − 11:00）
まずは受付。集合場所は、江戸東京たてもの園入口。

2．開会・アイスブレイク　　（11:00 − 11:35）
施設内の民家「天明家」の前庭で、チーム分けとまち歩きのための地図づくりを兼ねたゲームを行う。

3．民家の解説・昼食　　　　（11:35 − 12:30）
民家の暮らしの解説を聞き、民家の住民になりきる。

4．民家：前庭　　　　　　　（12:30 − 12:45）
ファシリテーターが、人間温度計になるコツを伝授。パスポートを受け取り、チームごとにまち歩きに出発。

5．まち歩き　　　　　　　　（12:45 − 14:00）
チェックポイント：都電・大通り・路地・かさ屋。ファシリテーターは各チェックポイントで待機。

6．民家に帰宅　　　　　　　（14:00 − 14:30）
土間・板の間・畳の間での屋内プログラム。フロッタージュや、風の通り道・心地よい場所さがし。

7．グループ作業・発表　　　（14:30 − 15:30）
チームごとに、チェックシートや地図のパズルに感想を記録し、全体で発表。

8．レクチャー　　　　　　　（15:30 − 16:00）
熱画像を使った種明かしの解説。

B. プロセス・デザイン
スタッフの勉強会からはじめたプログラムづくり

体　制

この企画のスタッフには、ふたつのグループがあります。ひとつ目のグループは、企画スタッフです。今回、実務・研究者ら6名が、企画の目的やプログラムの骨子を組み立てました。また、講師に招聘した熱環境の専門家・東京工業大学梅干野晃教授に指導を請いました。

もうひとつのグループは、当日のファシリテーターや準備作業のスタッフです。今回、総勢20名近い学生らが参加しています。

また、ワークショップの会場の協力が不可欠です。今回は、江戸東京たてもの園の協力を得て、度重なる現地での打合せを行っています。当日は、学芸員・高橋英久氏に民家の解説をお願いしました。

当日までの準備

企画は、スタッフの目的意識を共有することからスタートしました。新企画のため、実施8か月前に初会合、スタッフ間の勉強会を実施しています。

スタート時のスタッフ・ファシリテーターの勉強会、現地での細かな打合せ、プレワークショップの実施の3点に注力しました。

8か月前	企画ミーティング ・体制づくり ・勉強会（企画スタッフ）
6か月前	・会場候補地選定
4か月前	プログラム骨子の作成 ・企画書（案） ・現地打合せ
	学生ファシリテーターの招集 ・勉強会（ファシリテーター）
2か月前	全体ミーティング ・各地点のプログラム決定 ・参加費決定、広報開始
1か月前	役割分担と指令書などの作成
	プレワークショップ
当日	ワークショップ開催
実施後	参加者への活動記録などの郵送

勉強会

●企画スタッフの勉強会
企画スタッフの勉強会は、企画主旨の共有が目的です。まず、放射・伝導・対流・蒸発という熱移動の原理を確認しました。放射にポイントをおくこと、実空間を体感することがテーマとなりました。

●学生ファシリテーターのための勉強会
学生を中心としたファシリテーターの勉強会では、熱移動の原理を体験的に確認することを目的としました。内容は、前述の「種明かし」に関わるものです。資料を用いたレクチャーとともに、金属・木・紙・スタイロフォームなど異なる素材を並べて手で触れるなど、簡易な実験を行いました。

現地調査

●敷地選定時の現地調査
プログラムの手がかり探しが目的です。民家・店舗の建築空間、庭・路地・通りの外部空間に着目し、「方位」「素材」「構成」をキーワードに、空間の特徴を記述しました。開催時期と異なる季節のため、注意深い観察力が必要です。

●チェックポイントの指令の検討
プログラムをより具体的に検討する段階です。同時に、スタッフ自身の勉強の場ともなります。気温が同じでも温熱感の異なる場所を体験し、勉強会で学んだことを確かめます。この一つひとつをメモし、各チェックポイントでの指令を具体化していきます。
また今回は、東京工業大学梅干野研究室の学生らが、独自の測定機器により全球熱画像を撮影しました。これらの画像は、ワークショップ後のレクチャーに使いました。

広　報

広報は、会場や周辺施設へのチラシの配布、専門機関や行政の広報誌・一般メディアへの情報提供などを行います。広報誌への掲載を考えると、2か月前には広報資料を作成しなければなりません。

道具などの準備

●道具の作成
参加者が手にする道具・資料には、まち歩きで使う「地図」「パスポート」「指令カード」、民家で使う「目印」「チェックシート」、ワークショップ最後に記入を依頼した「アンケート」、後日郵送した「参加証明」「バッジ」「種明かし資料」があります。これらは、開催前1か月間で作業グループを分けて制作しました。

●アイスブレイクの準備
参加者のコミュニケーションを促すことが目的ですが、企画内容との関連も意識します。本企画では、まち歩きに用いる地図をパズル形式で作成するゲームを取り入れました。

プレワークショップ

ワークショップが成功するかどうかは、スタッフが目的をきちんと理解しているかどうかによります。その最終確認が、プレワークショップの場となります。実際の熱環境に近い条件のため、細かな発見もあり、綿密なプログラムの修正を心がけるようにしてください。

アンケート

●センサーの感度評価

ワークショップ当日、チェックシートに各センサーの感度について評価してもらいました。

	大人	子ども
顔センサー：表面温度・目を開く	3.57	3.67
顔センサー：表面温度・目つぶり	4.21	3.43
顔センサー：表面温度・紙かざし	3.57	3.69
顔センサー：風を感じる	4.43	4.33
手センサー：表面温度・触る	4.93	4.40
手センサー：表面温度・かざす - 素材比べ	3.64	3.64
手センサー：表面温度・かざす - 木の葉	3.85	3.40
足センサー：表面温度・はだし	4.57	4.47

上記の数値は、「5=すごく感じた、4=感じた、3=ふつう、2=感じなかった、1=まったく感じなかった」の5段階評価の平均値を示します。全項目でセンサーが機能しているといえるでしょう。また、「人間温度計になれたかな？」の質問には、大人14人中13人、子ども15人中12人がYESという回答でした。参加者に、幼児や小学校低学年の弟妹も加わっていたなか、概ね評価を得たと捉えています。

●ワークショップ後のアンケート

ワークショップの後日、当日の記録資料などとともにアンケートを郵送しました。主題の量・わかりやすさ・時間などについての質問項目とともに自由記述欄で構成したアンケートです。

主題に対する理解度は高い結果を得た一方、量・時間については、適切という評価とともにやや多く長いという意見がありました。また、擬似家族という実際の親子と異なるチーム形成であったにも関わらず、親子の触れ合いにも高い評価をいただきました。

自由記述のコメントをいくつか紹介します。

・ワークショップをきっかけに、子どもと日常の中でも手で触ったりして表面温度の違いについて話したり、実感することができるようになった。
・指令がたくさんあり楽しかった。
・普段気がつかない視点でモノを考えることができてよかった。
・とても有意義な時間が持てた。
・当日の企画内容がとてもよかった。
・チームの名前は、アルファベットではなく、数字や花、生き物の名前など子どもにもわかりやすいものがよかった。

振り返り資料の郵送

ワークショップの理解を深めるためには、振り返りが大切です。当日のグループ作業や発表、レクチャーはそのためにあります。この企画では、当日の参加者の記録を冊子にまとめました。記念のバッジ・認定証を製作し、冊子とともに開催後に参加者へ郵送しています。夏休み企画のため、自由研究の資料に活用できるよう配慮したものです。

●冊子「思い出ブック」

ワークショップのプログラムを、当日の参加者の写真を使ってまとめた小冊子です。参加したチーム（擬似家族）の集合写真を添付しました。

●冊子「種明かしブック」

会場の写真や熱画像を使い、レクチャーで解説した内容をまとめた小冊子です。顔・手・足のセンサー、空間ごとの熱的特性について触れ、空間の素材と構成について解説したものです。（P.68～70を子ども向けに編集しました。）

「江戸東京たてもの園で 人間温度計になろう −冬の陣−」

本企画は、前年度に開催した夏企画「江戸東京たてもの園で『人間温度計になろう』」の続編で、"冬"をメインテーマとしています。
ポイントは夏と同様に参加者が自らの手や足などをセンサーとして温度計になって（＝人間温度計になって）、暑い、涼しい、寒い、暖かいという温熱感覚を測定機器を使わないで体験することにあります。
舞台は、わくわくする場所がたくさんある江戸東京たてもの園の東ゾーン。ここは方位の違いや材料の違いなどさまざまな空間がそろっているので温熱環境の視点からもうってつけなのです。

このように両企画とも同じ場所・設定で行われましたが、「夏の陣」は"環境側の要素"のみ、「冬の陣」はさらに"人間側の要素"である着衣と産熱量をプラスしてプログラムを組んだことが相違点です。こう書くと難しい感じがしますが、下のイラストのように1日のありふれた生活をイメージしたプログラムとなっています。運動したり服を着れば暖かくなることがねらいのひとつとなっています。特にこの部分では学生ファシリテーターの健闘によって、ものづくりと遊びの要素が盛り込まれ、参加者が興味を持続でき、講座の完成度が高まったといえましょう。最後は家族みんなで温かいものを食べながら、囲炉裏の火を囲んで「身も心もあたたまる」というのがこの講座のオチでもあります。

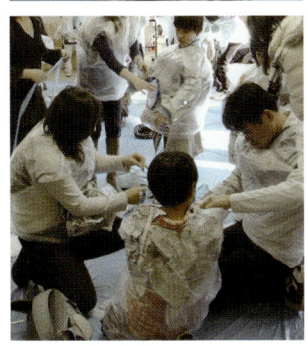

プログラムのながれ

前述のように今回の大きな特徴は、"人間側の要素"をふたつプログラムに組み込んだことです。

ひとつ目はセーターなどを着れば暖かいですね。そこで自分で服をつくって着ることを体験してもらいました。ふたつ目は何でしょうか。おしくらまんじゅうを思い出してみて下さい。そうです、運動すれば暖かくなりますね。

では、実際にどのように活動したか振り返ってみましょう。夏の陣と同じく参加者は、各所で学生ファシリテーターがサポートしながら班ごとに指令書を持って移動します。

●プチプチや新聞紙で服づくり

梱包材プチプチによる「ドキドキポンチョ（左上写真）」、新聞紙による「ワクワクポンチョ（左下写真）」のどちらかをアイスブレイクの結果で選んで制作（後述）しました。みなさん、なかなか似合っていましたよ。

●家の中で過ごそう

南側では座敷・縁側の日だまりや、各センサーで暖かい場所を探しました。軒の出など空間の工夫や素材の違いによる暖かさを体験しました。一方、北側の部屋では暖房方式の違いによる暖かさを体験しました。石油ファンヒーターVS囲炉裏。暖かさはどう違うかな？

●まちに遊びに出かけよう（軽めの運動）
さあ、軽めの運動でどこまで暖かくなるかな。宝探しゲーム（右上写真）を通じて体験してもらいました。宝は5か所にあってそれぞれに温熱的な指令が隠されています。
参加者、学生ファシリテーターともに盛り上がりました！

●広場で遊ぼう（激しい運動）
激しい運動をしてどこまで暖かくなるか、手つなぎ鬼を通じて体験しました（右下写真）。鬼ごっこに熱くなって、否、体が暑くなってプチプチや新聞紙の服を脱ぎました。

とても楽しかったですね。そうそう、指令書にシールを貼るのも忘れないでね。

そろそろ日が暮れるから、おうち（民家）に帰りましょう。班ごとにどこが暖かかったか、寒かったかなどまとめ作業をして発表しました。

最後は夏に引き続いて、講師の梅干野晁先生によるレクチャーです。熱画像による視覚的な資料で、暖かさ・寒さの種明かしをわかりやすく説明していただきました。

服をつくってみよう！

梱包用エアークッション材のプチプチでつくった服を「ドキドキポンチョ」、新聞紙でつくった服を「ワクワクポンチョ」と名づけました。ここで簡単につくり方をご紹介しましょう。

＜ドキドキポンチョ＞（イラスト提供：遠山めぐみ）

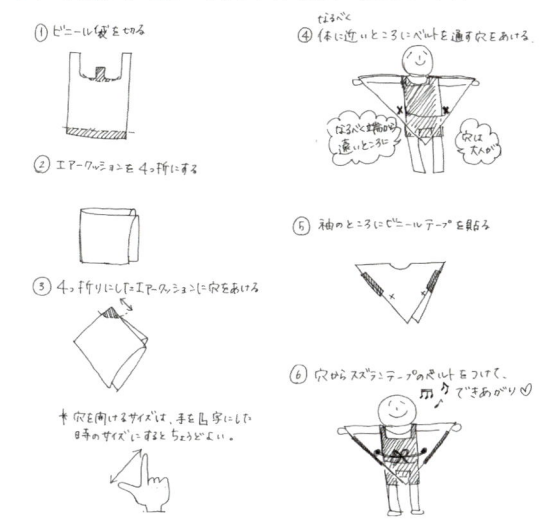

＜ワクワクポンチョ＞（イラスト提供：高橋恵）

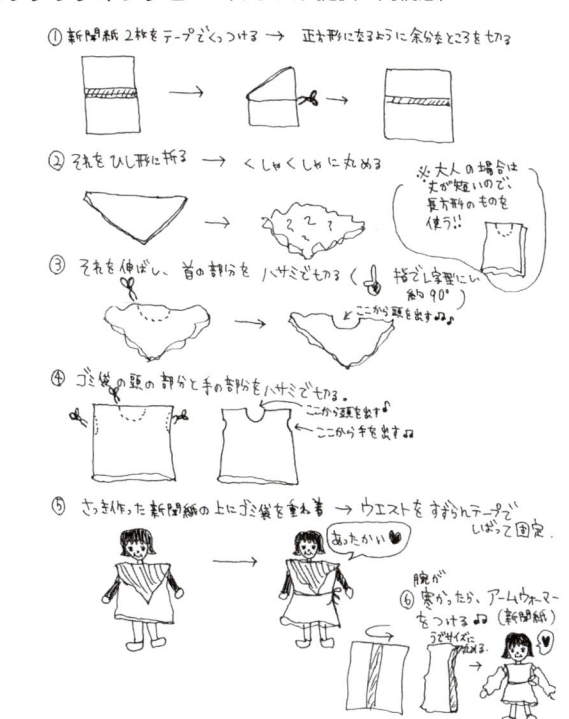

ワークショップの種明かし

人間と環境との間の熱交換には右図のような関係があります。本企画は、夏企画の続編として位置づけられています。夏企画では暑さ・涼しさを決めるのは気温だけではなく、ほかの環境側の要素（風や放射）であることに着目しました。今回は主に人間側の要素（産熱量：どれだけ活発に動いているか、着衣量）に着目してプログラムを組み立てています。
では、外遊びで見つけた暖かさのヒミツをちょっとだけ見てみましょう。

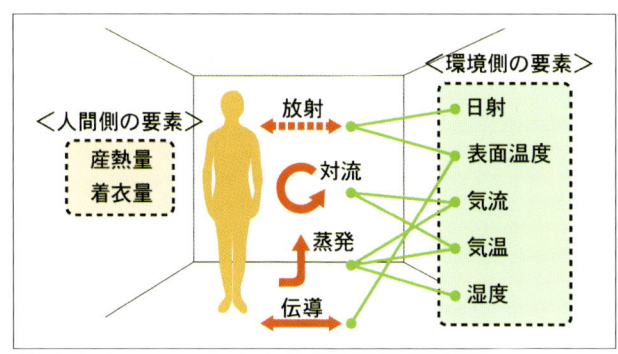

人間と環境の熱交換

赤外線放射カメラで撮影した熱画像（提供：田中稲子）を見てみましょう。1枚目の熱画像からはたくさん動いた人と少しだけ動いた人の違いがわかります。右のたくさん動いた人のほうが体の表面温度が高くなっています。つまり、運動することで産熱量が大きくなったわけです。2枚目の熱画像は、ポンチョを着ているか、いないかの違いです。左の着ていない方からは熱が逃げていることがわかります。まとめるとこうなります。
1）運動すること（産熱量）：体の中から暖める工夫
2）服を着ること（着衣量）：体の熱を逃がさない工夫
このふたつが人間側からみた暖かさのヒミツです。

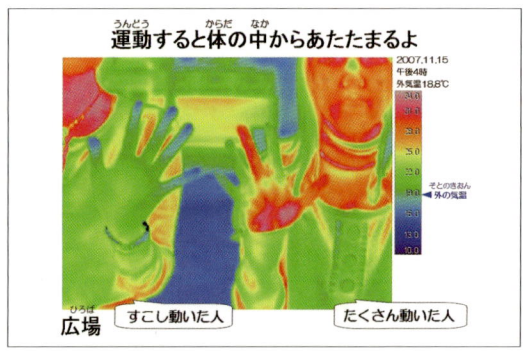

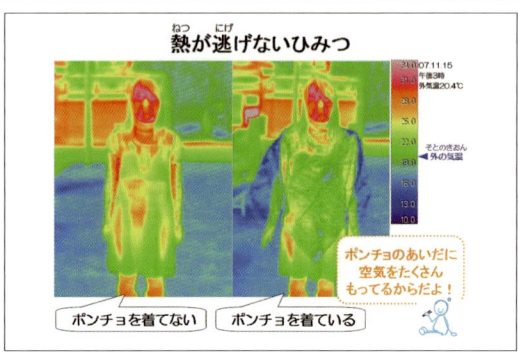

タイムスケジュール

1．受付・集合　　　　　　　　　　（12:30 − 12:50）
江戸東京たてもの園の入口で受付。
2．開会・アイスブレイク・服づくり　（12:50 − 13:40）
開会のあいさつの後、じゃんけん列車、仲間探しゲーム。仲よくなったら、チームごとに服づくり開始。
3．家の中で過ごす（民家室内南北側）（13:40 − 14:20）
ポイントマンの助けを借りて指令をこなす。南側では座敷・縁側の暖かい場所探し。北側では暖房方式の違いによる暖かさ体験。
4．まちに遊びに出かける　　　　　（14:20 − 14:45）
5つの場所に隠された宝探しゲーム（産熱量少）。
5．広場で遊ぶ　　　　　　　　　　（14:45 − 15:00）
ひたすら駆け回る鬼ごっこ遊び（産熱量大）。
6．民家でグループ作業・発表　　　（15:00 − 15:30）
チームごとに、指令書に感想などを記録し、全体で発表。
7．レクチャー　　　　　　　　　　（15:30 − 16:00）
梅干野晁先生による種明かしの解説。
8．身も心もあたたまる閉会式　　　（15:30 − 16:00）
囲炉裏のまわりで江戸東京たてもの園の高橋英久氏による温かいお話を聞きながら、学生スタッフ手づくりの美味しいおしるこをいただく。空間や材料だけでなく、人の温かみなどを感じながら、閉会。おつかれさまでした！

おわりに

環境をテーマとした企画者側として何よりも一番心配したことは空模様でした。「夏の陣」は観測史上の記録を塗り替えたほどの暑い晴天日、「冬の陣」もこの時期では一番寒い晴天日という幸運で、記念すべきワークショップとなりました。

4 地図を重ねて まちの"隠れた歴史"を発見しよう
「地図」を片手にタイムスリップ

ワークショップをはじめる前に………82

A. プログラム・デザイン……………84
　プログラムのながれ………………85
　種明かし……………………………92
　タイムスケジュール………………93

B. プロセス・デザイン………………94
　当日までの準備……………………95
　参加者の声…………………………98
　活用事例―中学校社会科―………99

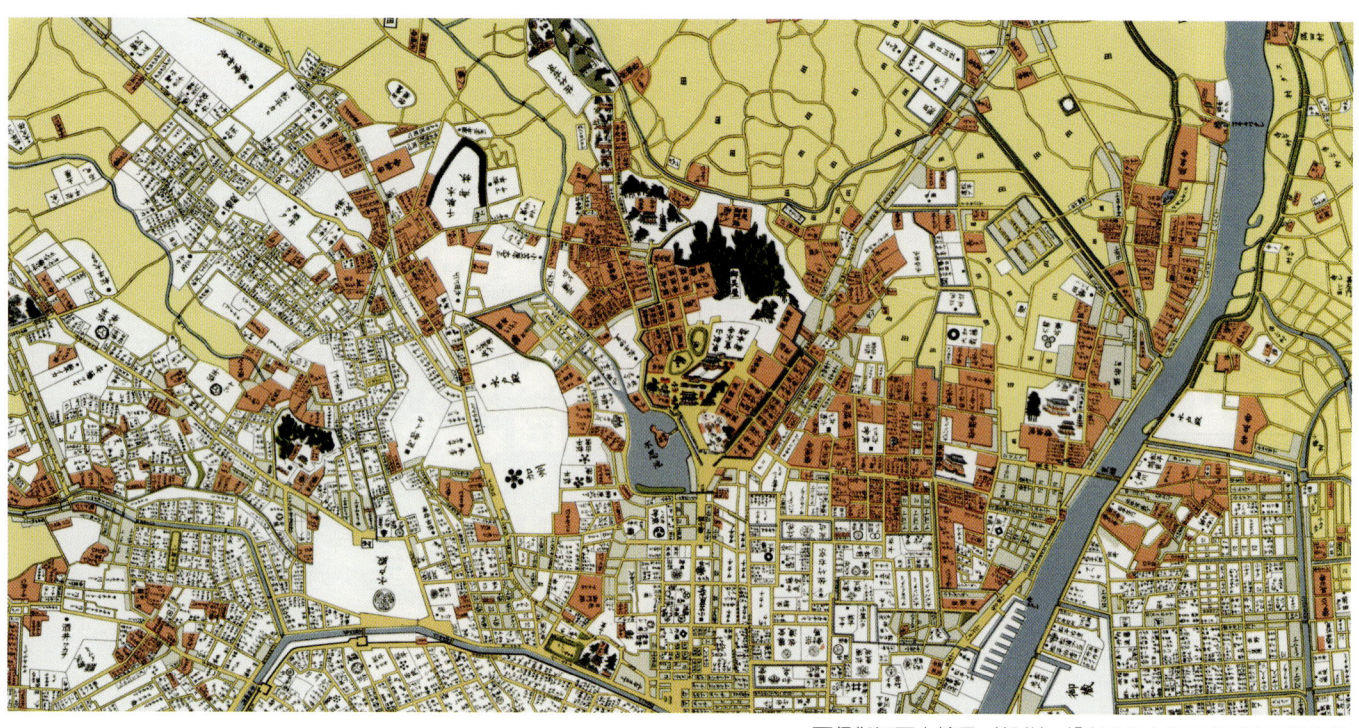

天保御江戸大絵図（部分）（『広重の大江戸名所百景散歩』）

古地図の世界

みなさんは自分が住んでいる場所が、昔はどんな場所だったか、知っていますか？　知り方はいろいろありますが、一番簡単な方法は、昔の地図を見てみることです。

そもそも地図は、江戸中期に案内地図として数多くつくられました。城下町を表現した地図では、武家地や神社仏閣が町人地に比べて詳細に表現されており、例えば敷地に大名の家紋が入っていたり、神社仏閣の建物が立体的に描かれたり、着彩されたりしています。表現豊かな古地図を見ているだけで、昔のまちをイメージできそうな気がしませんか？

江戸期の地図は、距離が正しく表現されていないものがほとんどでしたが、明治期に入ると距離が正確に表現され、現代に近い地図がつくられるようになります。明治期以降の地図なら、比較的簡単に自分がいま住んでいる場所を見つけることもできるでしょう。

昔の地図を見ると、今はわからなくなってしまった、かつてのまちの姿を知ることができます。

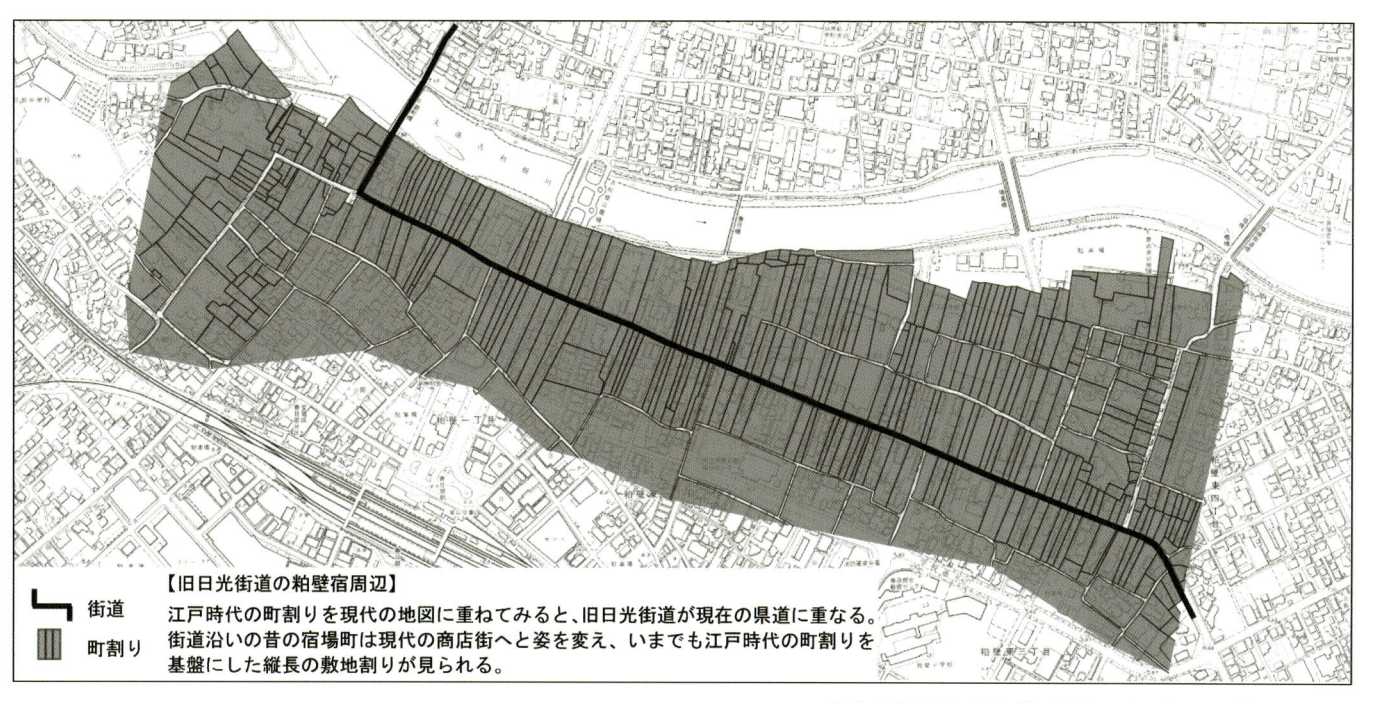

【旧日光街道の粕壁宿周辺】
江戸時代の町割りを現代の地図に重ねてみると、旧日光街道が現在の県道に重なる。街道沿いの昔の宿場町は現代の商店街へと姿を変え、いまでも江戸時代の町割りを基盤にした縦長の敷地割りが見られる。

街道
町割り

現在の地図と江戸時代の地図の重ね合わせ（春日部市）

地図を重ねてはじめてわかるまちの構造

現代のまちや都市の構造は、昔の町割りをもとに形成されていることが多くあります。城下町や宿場町、農村・漁村集落などには、当時の社会制度や人々が持っていた聖性や世界観といったものが反映されています。
城下町の折れ曲がった道やまっすぐな道の先に見えるお城の天守閣、街道沿いの細長い形をした家屋、集落を見渡す山の斜面にある鎮守の神社など。これらは、近世のまちの構造の"名残"であり、歴史的にみると、その場所に存在することやその形になっていることには必然性があるのです。
しかし、現代に生きる私たちの日常生活の中では、これらのことに気づく機会は、あまりありません。

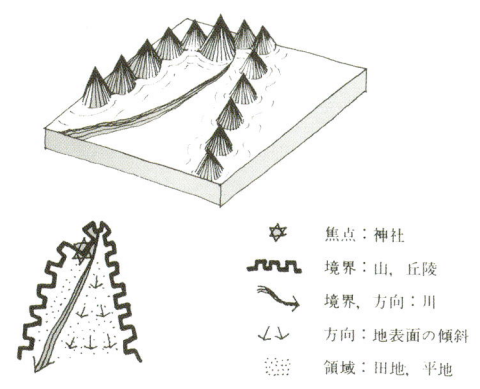

焦点：神社
境界：山、丘陵
境界、方向：川
方向：地表面の傾斜
領域：田地、平地

水分神社型空間の構造と構成要素（『景観の構造』）

A. プログラム・デザイン

「地図」を片手にタイムスリップする旅へ出発

スタッフから説明を受けます　　　　　　　　　　　指令書には何が書いてある？

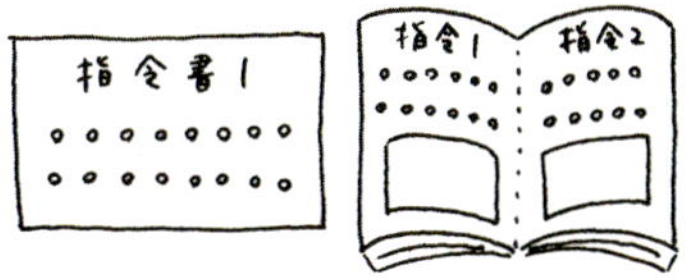

「クリアーファイル」
地図を保護し何枚かの地図を持って歩くときになくさないためにも役立つ。今回は片面に「絵図カード」を収納するポケットを付けた。

「いまの地図」

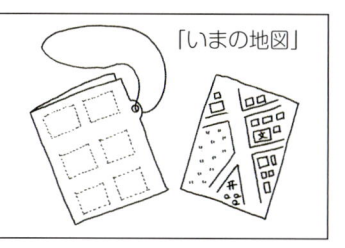

「指令書」
子どもたちを見つけて欲しい場所へと導くための道具。発見した事柄を書き込む欄をつくって、冊子のようにすることもできる。

はじまり〜今日は何をするんだろう？

今回のワークショップの舞台は東京都台東区にある上野公園です。まずは今日一日、一緒に行動するグループで顔合わせします。

みんなが首からさげているのは、「クリアーファイル」に上野公園の「いまの地図」が入ったもの。「クリアーファイル」の端には穴を開けて、ひもを通して首からさげると両手が使えて便利です。今日は、これを持って上野公園を探索します。

まず最初にグループのみんなに配られたのは「指令書」。紙を開くと、場所探しのクイズが書いてあります。
クイズの正解の場所に到着できると、次の「指令書」が渡されるという仕組みです。

「指令書」をのぞき込む目は、真剣そのもの。
「『大砲で穴の開いたお寺の門』ってどこだろう？」
「『大仏がある丘』って、上野公園に大仏があったっけ？」
グループのみんなで頭をひねります。大丈夫、みんなが持っている「いまの地図」には、正解のヒントとなる目印が描かれています。行き先が決まったら、グループで移動開始です。

プログラムのながれ

4

地図の向きを合せて場所を確認　　　　　　　　　　到着！ナビゲーターの説明に興味津々

地図を使って場所探し。
　　ようやく正解の場所に到着！

上野公園の中ではグループが正解となる場所探しです。
道に迷うと、自分の向きと地図の向きを合わせて進む方向の確認をしたり、子どもは自分なりの工夫をして考えます。このとき、グループの大人は少しだけ口出しを我慢。子どもは場所探しをしながら、地図の使い方を体感していきます。
正解の場所に到着すると、ナビゲーターがグループを迎えて、クイズに関する歴史の説明をしてくれます。探し回った分だけ、子どもたちは熱心に耳を傾けています。

「絵図カード」表面　　「絵図カード」裏面

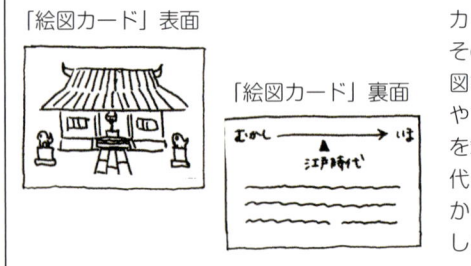

カードの表面には、その場所の写真や絵図など、記憶に残りやすい画像イメージを載せ、裏面には時代や歴史の解説をわかりやすい文章で記した。

聞いた歴史の説明を家に帰っても思い出せるように、解説の書かれた「絵図カード」が配られました。
さあ、次の「指令書」を受け取って、また出発です。

お侍さんからのクイズ、答えられるかな？

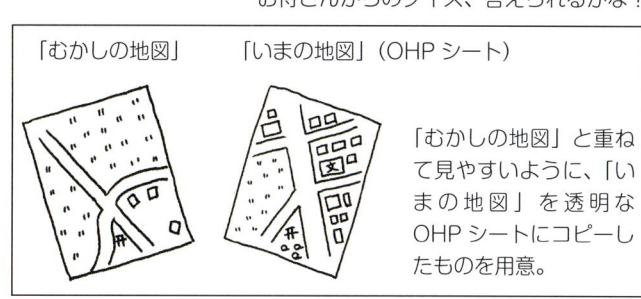

江戸時代のお侍さんが「むかしの地図」を持って登場！？

お昼をはさんで午後はいよいよ「むかしの地図」を使います。子どもたちが時代の違いをイメージしやすいように、縄文時代・江戸時代など各時代の衣装を着たナビゲーターが登場。「うわぁ！」と子どもたちの歓声が上がり注目が集まります。
ナビゲーターは各グループの輪に入って、それぞれ自分の時代に関するクイズを出します。
「ぼくの時代、上野公園に何があったか知ってる？」
子どもたちはちょっと困り顔。自分たちが生まれるずっと昔のことなんて、誰もわかりません。

「むかしの地図」　　「いまの地図」（OHPシート）

「むかしの地図」と重ねて見やすいように、「いまの地図」を透明なOHPシートにコピーしたものを用意。

「じゃあ、江戸時代の地図といまの地図を重ねてみよう！」
そう、クイズの答えは「いまの地図」と「むかしの地図」を重ねて見るとわかるようになっているのです。

4

地図を重ねることで、上野公園という場所が違って見えてきます

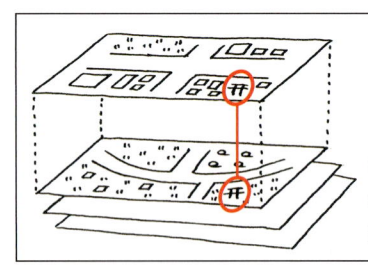

地図を重ね見てわかる発見

「むかしの地図」と「いまの地図」が印刷されたOHPシートの四隅を合わせ、重ねて見て、クイズの正解を考えます。
子どもたちの最初の反応は、「地図が重なったよ！」というシンプルで、ちょっとした感動でした。でも、しばらくじっと目を凝らして見ていると…
「上野公園って、昔はお寺だったの！？」
「正解。じゃあ、江戸時代から今まで400年間、ずっと同じ場所にあるお寺は？」
さらに重ねた地図をよく見てみると…
「このお寺、江戸時代から同じ所にある！400年も昔から同

「いまの地図」
（OHPシート）

「むかしの地図」
いくつか特徴のある時代のものを用意すると、時代の移り変わりを見ることができる。

じ場所に残っているなんて、大事なお寺なんだね。」
今まで知らなかった歴史の発見に子どもも大人も驚きます。
「地図を重ね見る」ことによって、今も残っている事物の歴史的な意味に触れることができるのです。

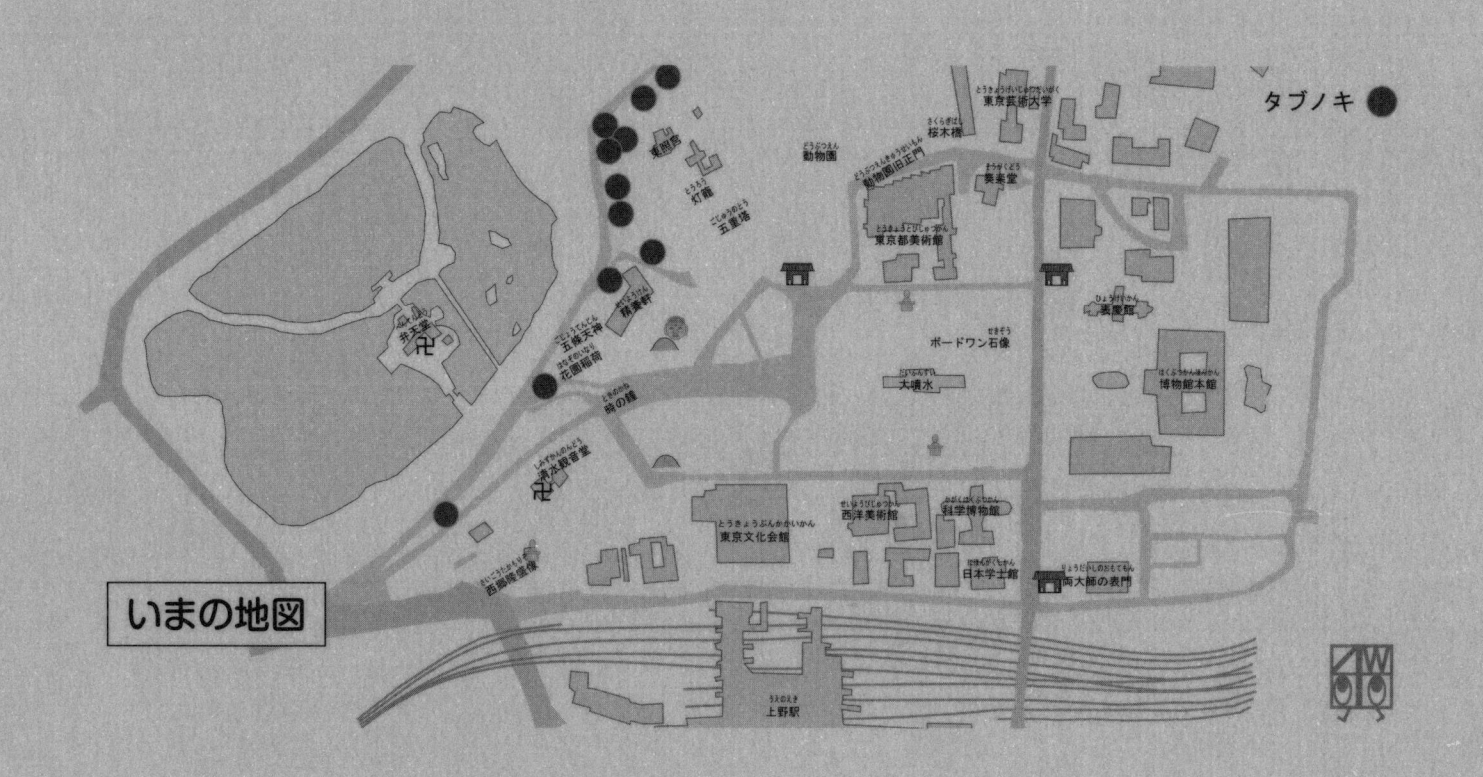

いまの地図

タブノキ

東京芸術大学
桜木橋
奏楽堂
動物園
動物園旧正門
東京都美術館
表慶館
ボードワン石像
大噴水
博物館本館
灯籠
五重塔
穏楽軒
五條天神
花園稲荷
弁天堂
月の松
清水観音堂
西洋美術館
科学博物館
東京文化会館
日本学士館
西郷隆盛像
東叡山寛永寺

上野駅

うえのの地図

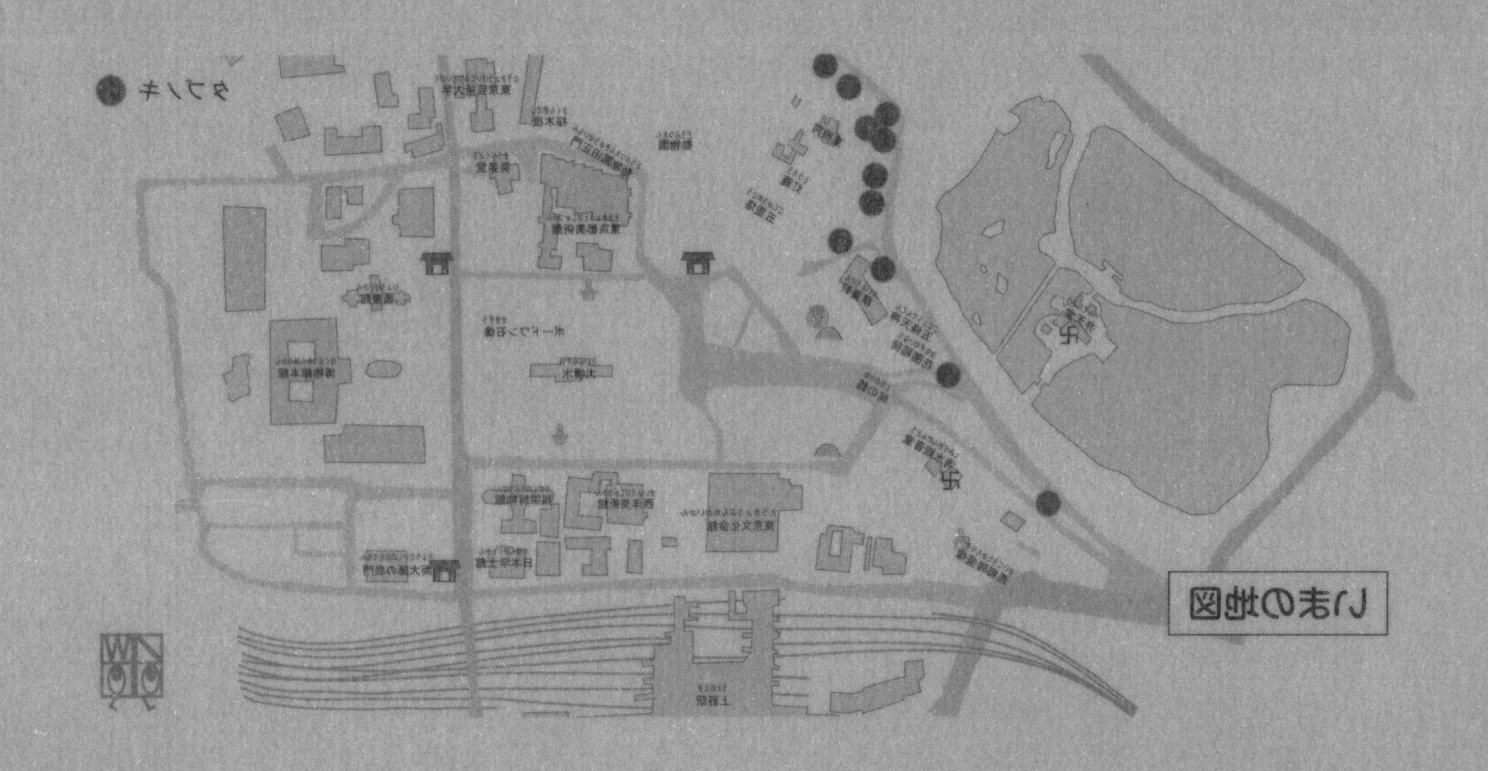

むかしの地図

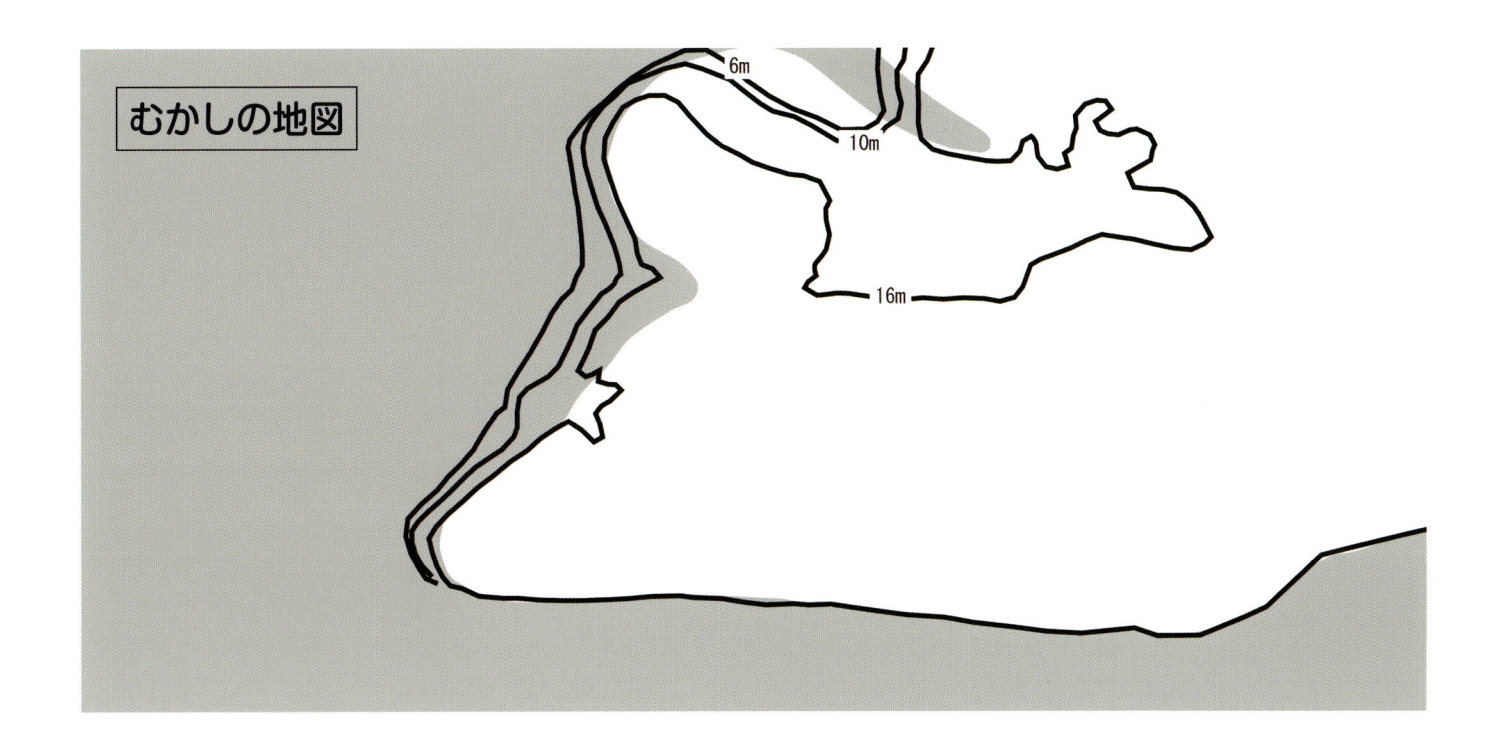

6m
10m
16m

地図を重ねてどんなことがわかる？

では、実際に「いまの地図」と「むかしの地図」を重ねて、自然に関する歴史を見てみましょう。

「いまの地図」に描かれている●はタブノキ（椨の木）が立っている場所です。また、「むかしの地図」には上野公園の地形が書かれています。薄いグレーは、太古の昔、海だったと推定される部分です。地形がわかるように、現在の等高線を入れてあります。

「いまの地図」と「むかしの地図」を重ねて見てみると、タブノキは上野台地の端部にあることがわかります。そして、その場所は大昔は海のそば、沿岸部だったことがわかります。

実はタブノキは、沿海地に多い常緑高木です。周囲に海のない上野の山の斜面にタブノキが並んで立っているのは、その名残だといわれています。

みんなで上野公園の歴史をおさらい

振り返りながらお話を聞こう

最後に上野公園の歴史についてのお話をみんなで聞きました。講師は法政大学の陣内秀信先生です。子どもたちにもわかりやすいように写真や絵、アニメーションを使っての解説です。大昔から現代までの上野公園の歴史の流れをおさらいします。

お別れに、参加者・スタッフ全員で記念撮影をしました。子どもたちのリクエストで、昔の衣装を着たナビゲーターとも記念撮影。
クイズに正解するともらえる「絵図カード」も全部集めることができました。

全部集めると9枚の絵図カードがそろいます

今日のフィールド～上野という「場所」

●寺社地だった上野公園

上野公園は江戸時代には「東叡山寛永寺」という寺社地でした。この地が寛永寺の土地に選ばれたのは、徳川家康の側近であった天海僧正が風水の考えにもとづき、幕府に進言したためといわれています。

寛永寺が創建された後、上野の山には天海僧正が吉野山から取り寄せた桜が植えられました。「上野の桜」は江戸っ子の自慢だったようです。

●文化発信の地への転身

明治時代に入ると、寛永寺の敷地の多くは上野公園として生まれ変わりました。内国勧業博覧会をはじめ、数多くの博覧会が上野公園で開催されました。

その後も大正、昭和を通じて博物館や動物園、美術館がつくられるなど、現代に至るまで上野公園は文化を伝える場所として活用されています。

●上野公園の桜並木と寛永寺の参道

いまでも多くの桜が植えられており、毎年春になると大勢の花見客が集まる上野公園の桜並木。このゆったりと幅広い桜並木は、江戸時代には寛永寺の参道でした。

寛永寺の配置図（右図）を見てみましょう。入り口となる一番手前に文殊楼、そこから北東にいくと法華堂・常行堂、さらに根本中堂、一番奥に本坊という順に配置されており、それらをつなぐ一直線に伸びる道が参道でした。

そして、昔の参道＝今の桜並木という関係は、「江戸の地図」と「いまの地図」を重ねてみることでわかるのです。

東京名所之内上野公園地桜盛之景（国会図書館蔵）

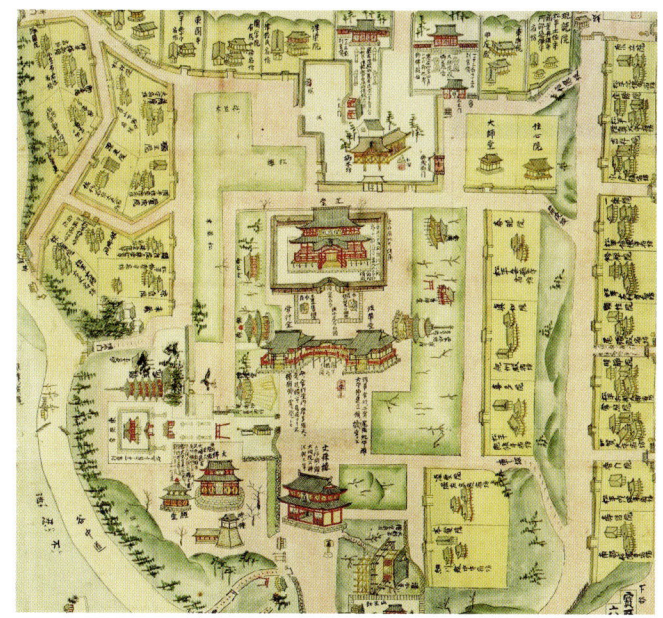

東都名所　上野東叡山全図（国会図書館蔵）
図中中央赤い建物、下から文殊楼、法華堂・常行堂、根本中堂、本坊

種明かし 4

ここでは江戸の「まちの構造」についてご紹介しましょう。上野公園、つまりかつての寛永寺には、江戸城を中心とした「まちの構造」に関係する秘密があるのです。

●江戸のまちの構成原理—鬼門と裏鬼門

そもそも寛永寺は、陰陽道の四神相応の考え方（風水）にもとづいて配置されました。陰陽道では北西は鬼が出入りする方角であるとして、万事に忌むべき方角としています。これを「鬼門」といいます。また鬼門と反対の南西の方角を「裏鬼門」といい、この方角も忌み嫌われています。

●江戸の「まちの構造」

この四神相応の考えにもとづき、江戸の町はつくられました。天海僧正は、江戸城の北東の丘に鬼門鎮めの寺を建て、江戸城を鎮護すべきだと進言しました。これをうけ1622年、徳川幕府は上野村忍岡に東叡山寛永寺を建立しました。
また江戸城をはさんで鬼門と反対に位置する裏鬼門には、増上寺が建立され、寛永寺、江戸城、増上寺はほぼ一直線上に配置されました。いまから数十年前までは高い建物が少なかったため、上野公園の桜並木（かつての寛永時の参道）を歩いていると、正面に増上寺の隣にある東京タワーがみえていたそうです。

●まちの歴史を知る

「いまの地図」に「むかしの地図」を重ねてみると、並木のある大きな道路がかつてのお寺の参道だったり、昔の川が道路に変わっているなど、隠れた「まちの構造」がみえてきます。江戸ほど大きな範囲でなくても、みなさんの住む場所でも「まちの構造」を見つけることはできるかもしれません。

江戸城の鬼門と裏鬼門の位置関係図

このように、「地図を重ね見る」ことによって、建築物単体で残る歴史だけではなく、自然や道路・水路などさまざまな要素を含めたまちの歴史を発見することができます。
それは、まちが失ってしまったものへの思いを馳せ、今も残るものの成り立ちやその歴史的な意味を理解することにつながります。また自分の住むまちへの愛着を育むことにもなるでしょう。

当日のプログラムは大きく6つありました。今回は、午前・午後の時間設定で、屋外フィールドと屋内の両方を使いましたが、午後だけにする、屋内だけにするなど、プログラム・デザインはさまざまに変更可能です。

● プログラム・デザインの工夫

今回のプログラム・デザインでは、小学生の参加がメインだったため、いかにわかりやすく子どもたちに伝えるか、という点に配慮しました。

プログラムの前半は、子どもたちが地図の使い方に慣れたり、フィールドである上野公園に慣れるような内容を、後半に「むかしの地図」と「いまの地図」を重ね見るという要素を盛り込みました。また、読み解く歴史や伝えたい歴史が伝わりやすいよう、「絵図カード」や「衣装」といった道具を使う工夫もしました。ちょっとした工夫をすることで、小学生にも、地図を片手に探検するワクワク感と地域の歴史を発見する驚きや感動を、体験してもらうことができます。

逆に参加者が中学生、高校生と年齢があがるにつれ、このような工夫よりも、伝える歴史の内容をより充実させることで、「地図を重ね見て歴史を知る」面白さを伝えることができるでしょう。

このように参加者の年齢層や伝える歴史内容に合わせて、プログラムを自由にデザインすることができますが、少なくとも「むかしの地図」と「いまの地図」（透明なOHPシート）さえあれば、ワークショップを行うことができる点が本プログラムの魅力といえます。

タイムスケジュール

1．受付・集合　　　　　　（10:00 − 10:10）
集合場所は国立科学博物館。受付では名札と上野公園の「いまの地図」と「クリアーファイル」が配布されました。スタッフを含め8〜10名をひとつのグループとしました。

2．アイスブレイク　　　　（10:10 − 10:30）
広域地図に自宅の場所をプロットしてもらい、その上から古代の地図を重ねて見てみました。いま住んでいる場所が、かつては陸地だったのか、海だったのかを確認しました。この作業は、「地図を重ね見る」行為の導入を兼ねて行いました。

3．上野公園で場所探し　　（10:30 − 12:30）
各グループに別々の「指令書」が配布されました。「指令書」に書かれたクイズの正解の場所を、「いまの地図」を見ながらグループごとに探索しました。正解の場所ではナビゲーターが目印のボードを持って待機。グループが到着すると、その場所に関する歴史の解説をした後に、「絵図カード」を配布しました。4つの「指令書」に正解したら午前は終了。

4．地図を重ねてクイズに答える（13:30 − 15:00）
午後は国立科学博物館の室内で行いました。
縄文・江戸・明治・昭和の4つの時代の「衣装」を着たナビゲーターが登場。それぞれの時代の歴史のクイズを出しました。「むかしの地図」と透明なOHPシートに印刷された「いまの地図」を重ねて正解を考えました。

5．ミニレクチャー　　　　（15:00 − 15:40）
今日、見てきた上野公園の移り変わりをおさらいしました。

6．終わりの言葉・記念撮影　（15:40 − 16:00）
終わりの言葉を述べた後、参加者全員で記念撮影しました。

B. プロセス・デザイン
ワークショップを開催するための下準備

4

体　　制

小さな規模で開催する場合は1人でも企画・実施可能ですが、参加者の人数が増えればワークショップの実行体制を整えることが必要になります。企画全体を統括するプロデューサー、具体的なプログラムを考案し必要な事前準備を行うコアスタッフ、ワークショップ当日にお手伝いをしてくれる当日スタッフなどが挙げられます。

多くの子どもを集めてワークショップを開催する場合には、安全に活動できるよう、スタッフが子どもを見守る体制も必要になるでしょう。

目的の設定・共有

本ワークショップでは、「地図を重ね見る」という体験を通して、「地域の歴史的な成り立ち」に触れてもらうことを目的としています。しかし参加者の年齢層によっては、目的の達成度合いはさまざまに設定可能です。

例えば、小学生など小さい子どもであれば、理解は十分できなくても、まずは面白くて興味を持ってもらうことを目的にする、中学生や高校生であれば、地域の歴史をより深く理解してもらうことを目的にする、といった具合です。地域の大人であれば、地域の成り立ちや歴史を知るとともに、歴史から地域のアイデンティティを考えるなど、まちづくりを考えるひとつの方法にもなります。

参加者層を想定するとともに、ワークショップの目的を設定しスタッフ間で共有することは、ワークショップを意味あるものにするために、とても大切なステップです。

当日までの準備

体制、目的が決定したら、ワークショップ当日までの大まかなスケジュールの確認が必要となります。

ここで示すスケジュールは、はじめてワークショップを企画・実施することを想定しています。また、規模は20～40名程度の参加者で、広報などにより一般募集をする場合です。

このスケジュールに沿って、具体的な作業の内容を説明していきましょう。

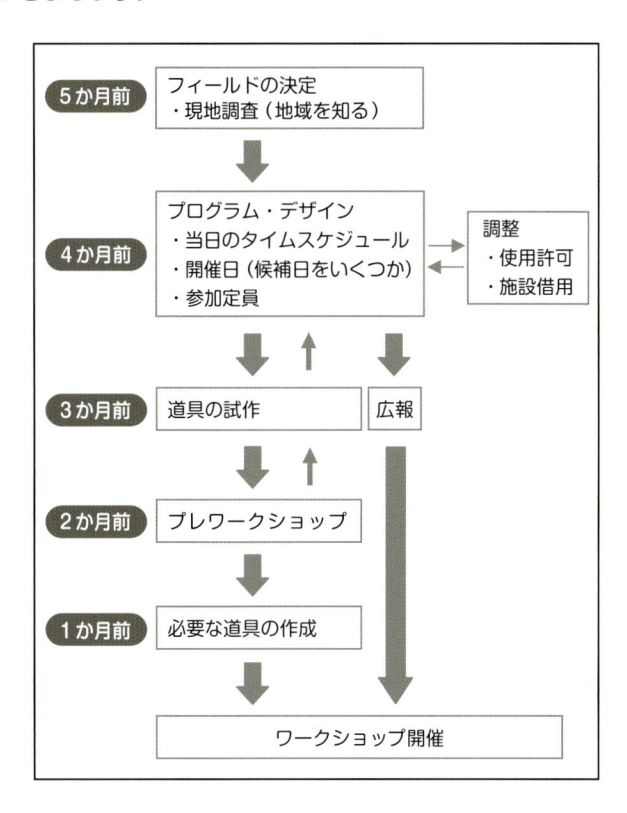

5か月前	フィールドの決定 ・現地調査（地域を知る）	
4か月前	プログラム・デザイン ・当日のタイムスケジュール ・開催日（候補日をいくつか） ・参加定員	調整 ・使用許可 ・施設借用
3か月前	道具の試作	広報
2か月前	プレワークショップ	
1か月前	必要な道具の作成	
	ワークショップ開催	

現地調査（地域を知る）

フィールドを決定したら、まずは、伝える側となるスタッフ自身がフィールドの歴史を知ることが大切です。ワークショップを企画することで、スタッフも地域の歴史を知るよい機会となり、それを参加者に伝えるという楽しさもあります。実際にフィールドに出て調査する、地域の歴史書から学ぶ、地域のことを知っているお年寄りに話を聞くなど、知る方法はさまざまです。

参加者との双方向のやり取りをするには、地域の歴史について十分な理解が求められます。

上野の山の斜面に生息するタブノキを調査するスタッフ。
大昔、上野台地は海に囲まれていた。斜面に並ぶ十数本のタブノキは、その名残だといわれている。

プログラム・デザイン

地域についての知識を得たら、ワークショップ当日のプログラムを考えます。

一番重要なのは、伝えたい歴史の内容を決めることです。どのくらい昔のことを伝えるか、歴史的な建物や道のことを伝えるか、自然や地形のことを伝えるかなど、考える視点はいろいろあります。

次に、伝えたい歴史の内容や分量、屋外に出るのか屋内で行うのかなどを考慮して、タイムスケジュールを決めます。

また、ワークショップに必要となる道具や参加者の定員、ワークショップ開催の候補日も考えます。開催の候補日は、屋外フィールドの使用許可や屋内施設の借用にも関係するので、早めに調整に入るほうがよいでしょう。

広　　報

開催の日時、集合場所、参加定員、プログラムの概要などが決まったら、参加者を募るための広報を行います。一般参加者を募る場合は、市の広報への掲載を依頼したり、町内会のお知らせ、小学校や児童館へのチラシの配布などがあります。公的機関の媒体に掲載する場合には、かなり早めの対応が必要となります。

道具の試作

最も重要な道具である「いまの地図」と「むかしの地図」の試作をします。

① 「いまの地図」と「むかしの地図」を用意する

「いまの地図」は入手が簡単ですが、「むかしの地図」は地元の図書館や古本屋などで入手する必要があるかもしれません。また国土地理院では、大正期ごろからの2万5千分1の旧版地図が入手できます。

ただし50年を経ていない地図は、著作権により複写が半分までとなるので注意が必要です。地図の使用にあたっては、出版元の使用許可が必要な場合もあります。

また、明治初期ぐらいまでの地図は、距離が正確に表現され

ていないことが多いため、重ね合わせは難しくなりますが、地域によっては歪みを補正した地図が出版されていることがあるので、それを使うとよいでしょう。

②縮尺を合わせる

「むかしの地図」が用意できたら、「いまの地図」と重なるよう、縮尺を調整します。縮尺の調整は、昔も今も変わっていないポイントやラインを見つけて、それらが重なるように地図の大きさを調整するとよいでしょう。昔も今も変わらないポイントやラインの見つけ方は、以下を参考にしてください。

・ポイント（点）の見つけ方
　　神社やお寺、歴史の古い建物、道路の交差点　など
・ライン（線）の見つけ方
　　お寺の参道、旧道など昔からある道路、川　など

縮尺の調整ができたら、「いまの地図」と「むかしの地図」の試作は完了です。

③「いまの地図」をOHPシートにコピーする

「いまの地図」をOHPシートにコピーします。
地図を重ね見るには、透明なOHPシートがベストですが、入手が難しい場合は、「いまの地図」をなるべく厚みのない薄い用紙にコピーするとよいでしょう。

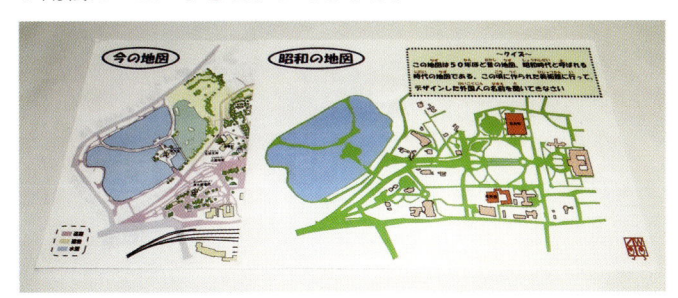

縮尺を合わせた「いまの地図」と「むかしの地図」

プレワークショップ

スタッフのみで、当日の流れを確認するプレワークショップを行います。会場となる屋外フィールドや屋内施設で道具を使用しながらプログラムの確認をします。問題があれば、プログラムの変更や道具のつくり変えを決定します。この後、参加人数分の道具を作成して、準備は完了です。

プログラムの展開性

今回紹介したワークショップでは、上野公園という古くからの歴史がよく知られている土地で行いましたが、本プログラムは一般の住宅地や生活空間でも実施することが可能です。江戸や明治といった古くからの歴史が明確にわかっていない土地でも、50年ほど前からの歴史であれば、行政が編纂した歴史書や地元の郷土史、地域に長く住まうお年寄などを情報源として、歴史を知ることは可能でしょう。

また地元の図書館や役所、古本屋であれば、十数年前の地形図や住宅地図を入手できる可能性がありますので、一般の住宅地であってもプログラムの実施を検討してみてもらえればと思います。

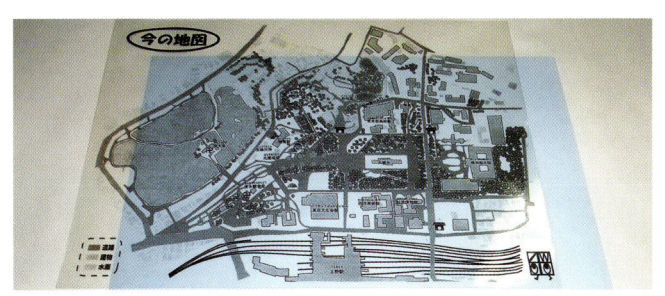

透明なOHPシートにコピーした「いまの地図」

子どもの声

■今日はなにが楽しかったですか？

- 原始人の人に会えたこと、クイズをしながら公園をたんけんしたことです。
- おひげのはえたおじさんをみつけたとこと。
- 午後のコスプレが面白かった。あとPCの画像も手が込んでいてスゴかった。
- 知らなかった上野の詳しい歴史を知ることができた。
- とくになし。

■来年も来たいですか？

- はい。
- 晴れの日なら。
- 疲れた。歩く時間が長すぎた。

■書きたいことを自由に書いてね。

- 雨がふっていてたいへんだったけど、むかしの人の話がおもしろかった。
- 地図を重ねたのがたのしかった。どうもありがとう。
- 来年はクイズをしながら公園たんけんを午前中と午後やりたいです。

大人の声

■保護者の皆様がよかった、面白かったと思う点がありましたらお書きください。

- 今と昔を見比べるための透明な地図のアイデアがよかった。
- 昔と今の地図を重ね合わせてピッタリしたのには感動した。
- なにげなく歩いていた上野公園に縄文から現代の歴史の足跡が残っていることを知りました。地図を片手に子ども中心で行動することができ、よい勉強になった。
- いろいろな世代の人がいろいろな服装で出てきたのにはびっくりして、とても楽しかった。
- 普段見過ごしてしまうところを改めて見直すことができた。上野の歴史が時間の流れとともにうまく振り返られる構成になっていた。

■一緒に参加したお子様にとって、本日の企画はどうだったと思いますか？面白そうにしていた、つまらなそうだった、難し過ぎたなど、お子様の様子をご覧になって感じたことがあれば、お書きください。

- 大変楽しそうだった。重なる地図や昔の格好をした人に興味を持っていた。
- 午前中の場所探しが面白かったようです。また、午後の仮装が今でも心に残っているようです。
- とても楽しそうに地図を持って歩いていましたし、濡れた地図を見て「古地図のようになって味のある地図ができた」と話していました。
- 内容が詰め込みすぎで難しかった。場所と時代の違いなど、小学校でも難しいのではないか？
- 興味を持ってやっていた。場所を探して話を聞くだけでなく、子どもが作業したりする参加型のものがあるとよい。
- お天気がよくなかったので歩きづらかった。クイズ形式のようにすると「自分から」というスタンスがもう少し出たのかと思った。

「東叡の鐘、鳴りわたる
―地図を重ねると都市の秘密が見えてくる―」

ここでは、中学1年生の選択社会科の授業の中で、毎週1回（各回50分）全7回の授業型として行ったプログラムを紹介します。

●イベント型から授業型への変更のポイント

イベント型の講座と異なり、授業型の講座では、プログラムの組み立て方が大きく異なってきます。授業型の場合、授業内で実施するという絶対条件が存在するため、時間の制約、各回でまとめを行うこと、子どもたちのモチベーションや内容をどのように次回に引き継いでいくかといったことを考慮しなければなりません。プログラムの性格についても、これまで実施してきたような一人ひとりの体験を重視するようなワークショップ的な性格のものから、全員が共通した事柄を学ぶ教科教育的な性格を持ったものを構築する必要がありました。ただ、イベント型と異なり、毎週1回の実施のため、各回終了後に出た反省点を次回のプログラムの修正点として扱うことができるという点はイベント型にはない特性です。実際に講座がスタートしてからも柔軟にプログラムの修正が可能で、参加者である子どもたちの特徴などを考慮したプログラムへと対応することができました。

本講座のプログラムを作成するうえで、これまでの選択社会科で学習したことと結びつけながら、新たな視点で都市を考えていくようなものをつくろうと意識しました。

●選択社会科のカリキュラムと講座の関係

今回の講座は、台東区立上野中学校で実施しました。1年生で選択社会科の授業を受講している生徒は21名、年間を通して上野公園の歴史について学習するカリキュラムをとっています。本講座は、年間のまとめの時期にあたる2～3月の時期に実施しました。そこで、1学期、2学期の学習を踏まえながら、地図を重ねて都市の歴史を読み解いていくことをメインとし、そのための導入や最終的な学習内容のまとめとしてどのようなかたちでまとめていくのかを、中学校の先生と打ち合わせをしながら決めていきました。

●プログラムの内容

プログラムは、全部で5つのブロックに分かれています。

第1回「校歌を地図に描いてみよう」では、上野中学校の校歌を題材としながら、これまで学習してきた上野についての事柄を復習しました。

第2・3回「上野の地図を重ねてみよう」では、異なる時代の地図を重ねながら、地図に色を塗っていき、「軸」や「見立て」などのキーワードをもとに、現在の姿がどのようにしてつくられてきたのかを考えていきました。

第4回「フィールドワーク」では、前回色塗りをした地図を持ち、実際に自分の身体で上野の都市空間を体感していきました。

第5・6回「壁新聞をつくろう」では、これまでの成果をまとめた「壁新聞」を作成しました。

そして最後に第7回「発表会＋レクチャー」にて「発表」を行い、全体のまとめをしました。

なお、各回の最後には、各回のプログラムで気づいたことなどや学んでほしいことなどを簡単にまとめる時間をつくっています。

プログラムのながれ

```
台東区立上野中学校校歌
金子瑞光 作詞

森の上野の静けさは        花にさきがけ栄ゆるは
我が学び舎のたてる丘      わが学び舎の友ならん
高き理想を仰ぎつつ        ふかき希望を抱きつつ
炎(も)ゆる息吹のかげろえる 泉のごとくほとばしる
けなげにも、親しみつ      ほがらかに、むつみつつ
意気高々と皆ゆかん        永遠(とわ)にかがりは尽くるなく
久遠(くおん)の光、身につけて 東叡の鐘、鳴りわたる
```

上野中学校校歌の歌詞

異なる時代の地図を重ねて、地図の色塗り

地図の色塗りからわかることを議論

●校歌を地図に描いてみよう

はじめに地図について勉強しました。地図には、道や建物の位置を表すものと、地図が描かれたときの世界観を表すものがあります。続いて、上野がどんな場所なのかを考えていくため、身近な存在としての上野中学校の校歌に歌われている場所などを地図に描いていきます。子どもたちは3～4人のグループに分かれて作業をします。「森」や「丘」などの上野の特徴を捉えた歌詞がどこのことを歌っているのか、これまでの授業で学んだことも補いながら、地図に色を塗っていきます。

●上野の地図を重ねてみよう

グループごとに、土地の記憶（上野中・藝大エリア）、軸線（博物館エリア）、水辺（不忍池エリア）の三つのテーマ（エリア）から一つを選びます。普通紙に印刷された縄文、江戸、明治、昭和（戦前）、昭和（戦後）の各時代の地図とトレーシングペーパーに印刷された現代の地図を重ね、どの場所がいつの時代にできたのか色塗りをし、都市の歴史がどのように積み重なってきたのかを考え、気づいたことやわかったことをカードに記入していきます。現代の上野が江戸時代につくられたものを基盤とし、その後明治に公園としての機能に対応するよう都市が変化していったことなどが色を塗ることで見えてきます。

色塗り見本

現代の地図と重ねる用紙は下の5種類

縄文　江戸　明治　昭和(戦前)　昭和(戦後)

それぞれにこのようなテーマ色を決めてあります。
各時代の地図の上にトーレシングペーパーにプリントした現代の地図を重ね、
その時代と一致した部分をその時代のテーマ色で書いてもらいます。

道路　マジック太線
区画　マジック細線
敷地　色鉛筆塗りつぶし
建物　マジック細線＋斜線

■ 例

ここでの敷地は東京都港区の御成門と呼ばれる地区です。
地図の下の方に名前の由来となっている御成門があるのが見えます。
また、その他には公園・小学校・中学校・病院があります。
全体を把握したところで江戸から重ねて見てみましょう。

どうでしょうか？
現代と違いほとんどが○○院・○○社と書かれたピンク色の寺社地であることが分かります。また御成門の位置も違い現代の地図では十字路の部分にあります。その他にも気になる所があると思いますが現代のまちのルーツを探りたいわけですから、ここでは現代の地図と同じ部分を探してみましょう。

すると消防署近くの道と図書館の下の道が江戸時代から道であったことが分かります。
そこでこの部分を赤のマジック太線でなぞります。また、地図左下の安連院はこの時代から動いていないことが分かります。敷地ですのでこの部分を色鉛筆で塗りつぶします

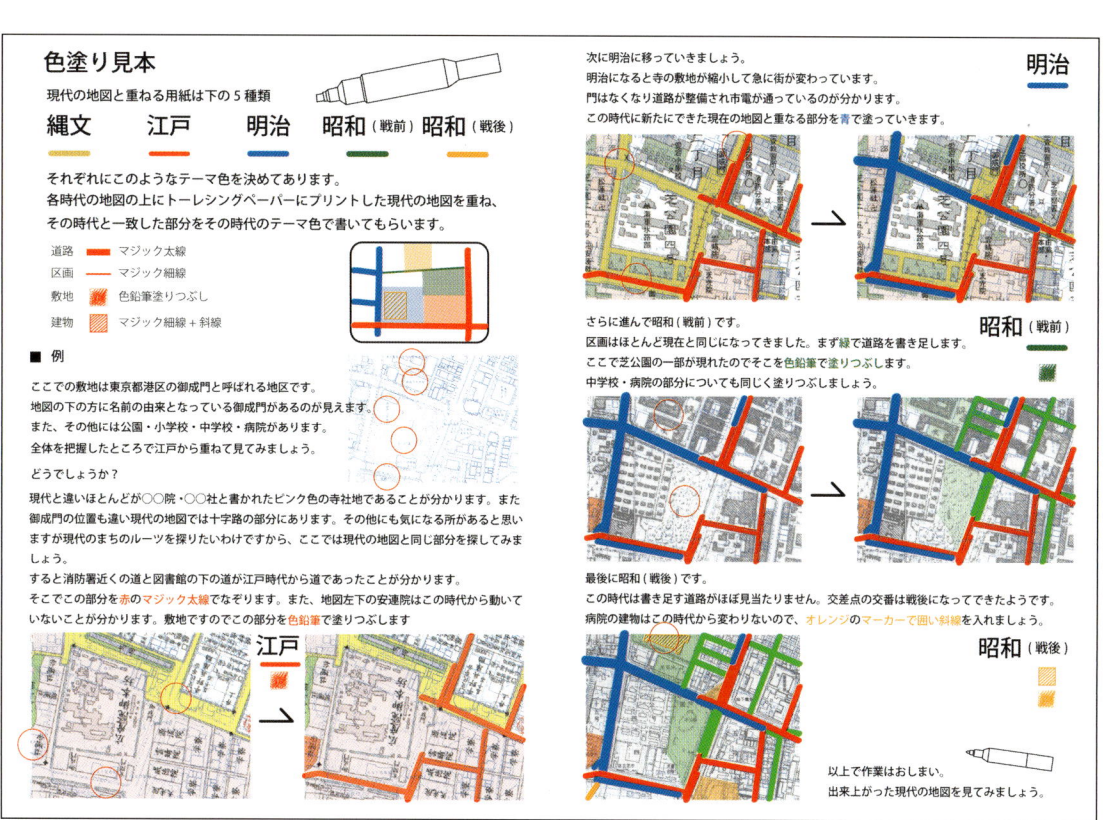

江戸

次に明治に移っていきましょう。
明治になると寺の敷地が縮小して急に街が変わっています。
門はなくなり道路が整備され市電が通っているのが分かります。
この時代に新たにできた現在の地図と重なる部分を青で塗っていきます。

明治

さらに進んで昭和(戦前)です。
区画はほとんど現在と同じになってきました。まず緑で道路を書き足します。
ここで芝公園の一部が現れたのでそこを色鉛筆で塗りつぶします。
中学校・病院の部分についても同じく塗りつぶしましょう。

昭和(戦前)

最後に昭和(戦後)です。
この時代は書き足す道路がほぼ見当たりません。交差点の交番は戦後になってできたようです。
病院の建物はこの時代から変わりないので、オレンジのマーカーで囲い斜線を入れましょう。

昭和(戦後)

以上で作業はおしまい。
出来上がった現代の地図を見てみましょう。

子どもたちに配布した「色塗り見本」

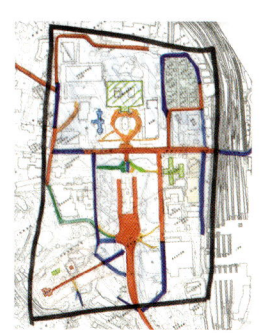

子どもたちが色塗りをした現代の地図

さまざまな時代の地図と色塗りをする道具

フィールドワーク

発表用に地図の色塗り

授業全体の様子

地図の色塗りをしながら、わかったことなどを整理

●フィールドワーク

前回の授業で色塗りをした地図を持って、フィールドワークを行いました。まずは全員で、博物館前の噴水広場のところまで行きます。ここで、かつての寛永寺の参道、いまの博物館へと続く上野公園のメインストリートが、寛永寺と江戸城とを結ぶ軸線上にあることを体感し、かつては江戸城天守閣が見えた風景を想像してみます。その後、グループごとに分かれてフィールドワークを実施します。いままで2次元的に捉えていたものを、自分の身体で3次元的に空間として捉えます。自分自身の身体で捉えた歴史の重層性を感じる場所や風景を、カメラに収めていきます。

●壁新聞をつくろう

地図の重ね合わせ、フィールドワークにてわかったことを壁新聞にまとめました。今までの体験を振り返りながらまとめることで、より深い理解へと結び付いていきます。壁新聞の用紙には、あらかじめ地図などが印刷されています。子どもたちは今までやったことなどを見直しながら、もう一度きれいに地図の色塗りをしました。また、フィールドワークのときに自分たちで撮影した写真を配置し、気づいたことやわかったこと、考えたことなどをまとめていきます。色ペンなどを使い、地図と関係づけながら、発表するための表現をつけ、完成させました。

色塗りした地図について発表

気づいたことを写真を使って発表

全体のまとめ

●発表会＋レクチャー

発表会では、できあがった壁新聞をみんなの前で発表します。色塗りをした地図と、自分たちで撮った写真を指差しながら、今回のプログラムを体験してわかったことや気づいたこと、やってみての感想などを発表しました。全員が発表し終わったら、できあがった壁新聞を並べて、今回のプログラムから学んでほしいこと、都市における歴史と空間の関係、都市をどう読めばいいのかなどのまとめの話をしました。発表会後、浦井祥子先生から今回の講座のタイトルにもある「時の鐘」のレクチャーを受けました。

ワークショップの成果

● 壁新聞

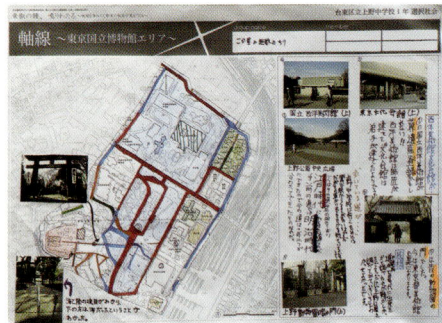

● 子どもたちの声

地図を重ね合わせることでわかったこと

・大通りが昔から残っているのが印象的でした。時代が近くなるにつれ、だんだん道が整理されていることがわかりました。
・道はあまり変わらない（だいたい江戸時代からある）。不忍池は江戸時代には道がひとつ（地図を見ればいいけど）。その時代はほとんど寺であまり人が来たりするような感じではなかったけど、寺がなくなって公園になると人が来るようになる。公園は楽しんで歩きたいものだと思うから、（池に）人々が通るための橋がつくられた（のか？）。なんで一直線に通したかはよくわからない（距離を短くするため？）。それがこわされて、2本の道がつけられた理由は風景を見るため？　便利にするため？

フィールドワークでわかったこと

・東照宮は徳川の寺なのでとうろうにも家紋が入っている。えらい人の墓は高い所につくられている。寺とかいてあるところは孤立している。院は敷地内にある。大事な所へ行く道は複雑になっている。
・このまえ見たよりかは、今見たほうがずっとよくわかりました。
・清水観音堂と弁天堂が一直線でむすばれていることは、はじめて見ました。
・博物館と江戸城が一直線ということをしりました。
・地図での道と同じように、不忍池には2本の道ができていた。
　→便利さ、観光として必要だった。
・護国院は、昔とおなじ場所だった。
・重要な道(徳川家)などは、太い道になってる。

5 まち歩き☆たんけんたい
東京下町のまち歩きあそび

ワークショップをはじめる前に ……106
A. プログラム・デザイン …………108
 プログラムのながれ ………………109
 まち歩きあそび …………………111
 歩いたまちの振り返り ……………120
 タイムスケジュール ………………122
 まち歩きあそびで学ぶ
  日常生活 ……………………123

B. プロセス・デザイン ……………124
 当日までの準備 …………………125
 まち歩きあそびの道具 ……………126
 アクセスポイント ………………129
 広報／参加者の声 ………………130

ワークショップをはじめる前に

5

見てみよう聞いてみよう！

普段はザッと通り過ぎてしまうまちも止まってみたり、大きな通りから小さな通りに入り込むことで新しい発見が待っています。小さな通り「路地」には、居住者それぞれの嗜好を表す鉢植えや設え、仕事道具が広がっています。また、それに伴って居住者が路地で活動している風景があり、高層マンションや集合住宅では体験できないさまざまな営みが感じられる場所になっています。本稿で紹介していくワークショップ「まち歩きあそび」は誰かに教わる講義ではなく、まちの細部を見たり、まちの人たちと話したり、参加者どうしで交流する機会を設け、日常生活における新しいまちの捉え方を参加者に提供します。この新しい捉え方を得た参加者が、主体性をもってまちへの働きかけを行うことを目的としています。

まちを歩いて名づけてみよう！

まちを歩くと気づかないうちに色々な出会いがあります。人、置いてあるもの、建物など、色々なものに名前をつけることは、感じたことを表現するきっかけづくりとなります。そして、名づけた環境がまちに増えることで、まちへの愛着が生まれることを期待しています。

まち歩きの舞台

長屋やまち工場など下町風情が残る住宅群とそれらを更新してつくられた高層の建物が林立した再開発された地域とで構成される東京都中央区の佃・月島・晴海を舞台としました。これらの新旧を感じられる場所は、まち並みの対比や活動の対比など同時にさまざまな違いを発見することができます。

A. プログラム・デザイン

手つなぎ鬼でグループ分けする

アイスブレイク

まち歩きに集まった人たちははじめて会う人ばかりです。普段体験しているまち環境を違った視点で感じてもらうために、「自分の家族」以外の人たちと歩く「まち歩きチーム」をつくってもらいます。

● まち歩きチームづくり

このチームを家族と見立てて、子ども2人大人2人大学生スタッフを2人加えて合計6人の擬似家族をつくります。はじめに、子どもたちが大学生を捕まえます。そして、一緒に手をつないでほかの子を捕まえます。その後、同じように手をつないで大人たちを捕まえていきます。この手つなぎ鬼によって6人の擬似家族ができあがります。

● 自己・他己紹介、名札づくり

できあがった擬似家族内で2人1組となり、自己紹介をしあいながらお互いの名札づくりをします。作成した名札を擬似家族内で紹介、つまりは自分以外の誰かの紹介を行いながら、メンバーを覚え合います。

（手つなぎ鬼前）

（手つなぎ鬼後：擬似家族を形成）

2人1組となり自己紹介 　　　名札づくり 　　　他己紹介

プログラムのながれ

5

109

●まち歩きあそびの説明と練習
その日のテーマとなるまち歩きあそび（写真は、まちのかるたづくり）について学生が面白く説明をし、家族対抗のモチベーションを高めます。

まち歩きあそびを説明 　　　事前につくったものを例示 　　　練習して発表

●家族対抗ゲーム
さらに擬似家族の結束、交流を深めるために、早さを競いつつ楽しめる色々なゲームを行います。順位によってまち歩きの道具やルートが変わるようにしています。

バースデーリング（誕生日順に並んで輪をつくる） 　　　絵文字伝言ゲーム 　　　背文字伝言ゲーム

まち歩きあそび 5

まち歩きあそび

まち歩きをするときには、スタートからゴールまでを最短距離で歩くのではなくあちらこちらと立ち寄る地点（アクセスポイント）をつくり、それらを回遊する間に楽しむゲーム「まち歩きあそび」を設定しています。拾ったりスケッチして集めたものを最終的に造形する「マチトリゲーム（2002）」、顔に見立ててまちの中にランドマークをつくる「まちの顔さがし（2003）」、目に見えない感覚を表現していく「まちの楽譜づくり（2004）」、できあがったものを展示したりそれを使って遊ぶことができる「まちのかるたづくり（2005）」、子どもたちが主体的に楽しむことのできる遊びを考えました。

親と子の都市と建築講座 2002＜佃・月島・晴海 - まちあるき＞

「マチトリゲーム」（1年目実施）

昆虫採集ならぬ「まち採集」、並べて表現することでまちの環境を考えました。まち歩きのなかで気に入ったものや面白いと感じたものを採集し、感じたことを描くゲーム。まちで見つけたものを拾うだけではなく、路地や壁などの面を紙の上からこすったり（フロッタージュ）スケッチしていました。できあがったものは「家族もんじゃ」と名づけ、黒い紙を鉄板に見立ててその上に集めたものが表現されています。

親と子の都市と建築講座 2003＜佃・月島・晴海 - まちあるき＞

「まちの顔さがし」（2年目実施）

顔に見立てられるまちの環境を探すというゲーム。ポラロイドカメラで撮影したものやフロッタージュしたものに、どのような顔に見立てられるかを描きました。顔に見立てることによってまちのさまざまな環境が名づけられ、子どもたちはその名前を伝え合いました。

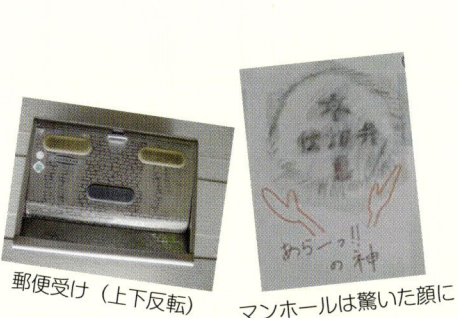

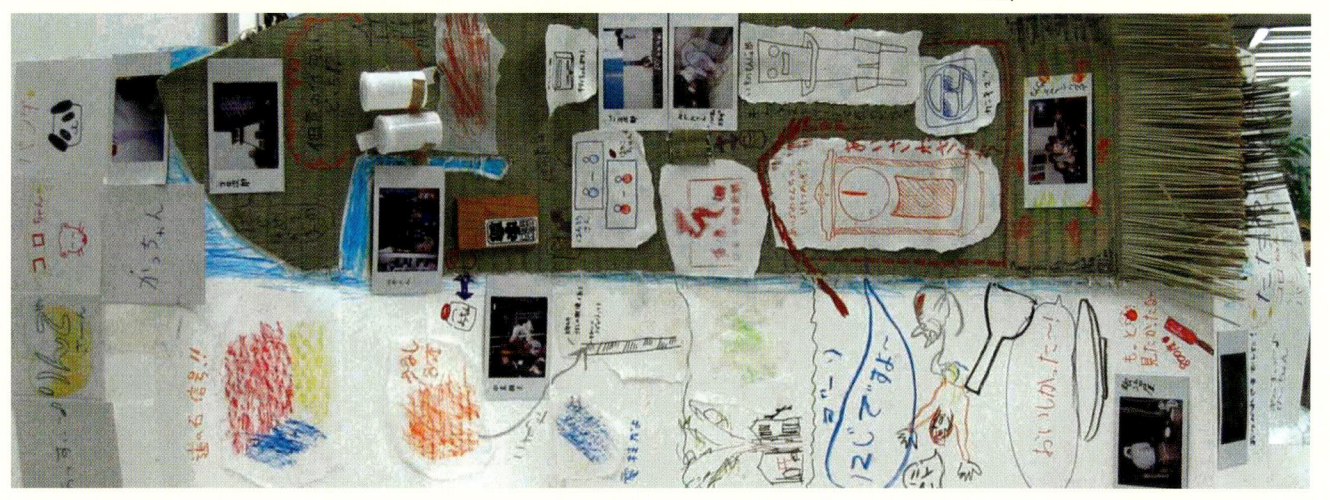

オシャレなお店も

長屋がのぞき込んでいる

ビールビンとケースでカニ

大きく口を開けた顔

郵便受け（上下反転）

マンホールは驚いた顔に

側溝のふた

ウィンクしている顔

マンホールが…

5

113

親と子の都市と建築講座 2004＜佃・月島・晴海 - まちあるき＞

「まちの楽譜づくり」（3年目実施）

まちで見つけた音・におい・感触を音楽の楽譜のように線を引いて、それぞれを「きく」「かぐ」「さわる」感覚として時系列に記録していくゲーム。目には見えないものを表現したり記録したりすることを通して感覚からみたまちの楽譜ができあがりました。また、できあがった楽譜は、通りや場所ごとに比較することで、まちがどうなっているかを読み取ることもできました。

「きく」
- さつま揚げはブクブク
- 船がフォー
- 溶接の音は電気ひげ剃りの音
- ガタガタを身体で表現

「さわる」
- ネコをさわったよ
- 「痛い」を線で表現
- 電柱のボコボコを紙粘土で型取り
- トレペで電柱をこすったよ

「かぐ」
- 隅田川はワカメのにおい
- 佃煮のにおいを絵にしたよ
- においをフィルムケースに閉じ込めた
- めんたいもんじゃのにおいをそのまま

114

親と子の都市と建築講座 2005＜佃・月島・晴海 - まちあるき＞

「まちのかるたづくり」（4年目実施）

「取り札」と「読み札」の2枚組によるまちのかるたをつくるというゲーム。見立てのきっかけをつくるために「まちにある環境を食べ物に見立てよう」というお題をつくって探してもらいました。擬宝珠やアーケード、建物などまちにあるさまざまな大きさのものでかるたがつくられました。また、これらは、かるたとりによってゲーム感覚で発見を共有でき、展示物としても面白いものができあがりました。

楽しみを創り出す道具

まち歩きあそびで新しい見方のきっかけとなるために参加者には色々な道具を渡しています。道具で遊びながらまち歩きあそびも促進されることを目的としています。例えば壁などのテクスチャー（フロッタージュ）を取り創作的な活動にするためにトレッシングペーパーを渡したり、まちの顔をさがしやすくするためにのぞいたら枠があるメガホンや木尺を用意しています。また、まちの人たちとの交流の手助けとなるようにまち歩きのチラシで包んだトイレットペーパーを渡しています。これは、まち歩きの宣伝や理解のために出会った人に渡したり、おとぎ話「わらしべ長者」のように出会った人と物々交換をするための道具です。

メガホン：何がみえるかな？

四つ折り木尺：この形を組み合わせると…

ポラロイドカメラ：ちゃんと写ってる？

トイレットペーパー：物々交換したよ

アクセスポイントの設置

アクセスポイントは、まち歩きのスタート地点からゴール地点へ向けて最短距離で進まず、まちを回遊するきっかけをつくることを目的としています。同時に、いつもは見られない場所に立ち寄る機会、まち歩きあそびの休憩・切り替え地点としての役割も担っています。また、お店の調理場、住宅の内部、立ち入り禁止とされている水際など、日常的には見られない場所に立ち寄ることは、まち歩きの期待感を高めるとともにまちに住む人と交流する機会となります。

長屋に上がって話を聞いたよ

井戸水をくみ上げよう

揚げ物屋で調理体験

川に浮かぶ筏

2階に上がって路地を見下ろしたよ

5

歩いたまちの振り返り

5

今日歩いたまちを振り返ろう

高層ビルからまちを眺めたり、まちの巨大模型を眺めながら、歩いたまちを振り返りました。また、歩いた発見をまとめ、まち歩きのチームごとに発表を行いました。それぞれの発見が共有され、次回歩くときの楽しみや日常生活で探してみたいものが見つかりました。

今日歩いたところはどこかな？（ビルの高層階からまちを眺める）

あ、あそこ歩いたね（模型）

こんなの見つけたよ（発表の様子）

つくったかるたで遊んでみよう

タイムスケジュール（かるたづくり）

5

1. 受付・集合　　　　　　　　（9:30 − 9:50）
住吉神社の境内に集合。受付を行い、出席者の人数を把握する。

2. アイスブレイク と まち歩きあそびの説明
　　　　　　　　　　　　　　　　（9:50 − 10:40）
擬似家族づくりや自己・他己紹介などのアイスブレイクを行い参加者同士の緊張をほぐしたあと、まち歩きあそびの説明を行う。その後、まち歩きを開始。

3. まち歩きあそびと営み見学・体験
　　　　　　　　　　　　　　　（10:40 − 14:30）
「まち歩きあそび」として、「まちのかるたづくり」を行った。まちの中で食べ物に見えるものを「取り札」と「読み札」の2枚組でつくる。
また、「まちの営み見学・体験」は、参加者がまちの表層を捉えるだけではなく、住民の顔や生活が表出するよう住民の協力のもと行っている。

4. 歩いてきたまちを眺める　（14:30 − 15:00）
晴海トリトンスクウェアにて、ビルの上階や模型により歩いてきたまちを眺め、1日を振り返る。

5. まとめの作業および作品制作（15:00 − 15:50）
晴海デザインセンターの会議室にて、まちでつくったかるたに装飾を施したり、読み札を考える。

6. かるた取り大会 および かるた発表
　　　　　　　　　　　　　　　（15:50 − 16:30）
つくったかるたでかるた取り大会を行うとともに、かるたを発表し合い、学びを共有する。

まち歩きをした現場の地図と主なランドマーク

まち歩きあそびでは、参加者にとって日常生活に新しい視点を生み出せたことがひとつの大きな成果でした。

小石から建物まで
（微視的巨視的なまちの見方）

顔に見立てられるものを探した顔さがしでは、3つの小石の配置が顔にみえたり、建物を顔に見立てたりと、小さなものから大きなものまで、さまざまな縮尺での発見が見られました。まちのかるたづくりでもさまざまな縮尺での札がつくられ、まちの楽譜づくりでは、小さな音・臭い・触感の連続から路地を理解していました。そして、参加されたお母さんの感想には、月島は普段は自転車で通り過ぎてしまうまちだったが見方が変わった、というような記述も見られました。自宅を出ると、学校や塾、学童保育など、一日が施設を巡るだけに留まっている子どもたちはもちろんのこと、大人にとっても多彩な発見があります。

まちへの愛着（名づけ、ランドマークづくり）

さまざまな縮尺での発見と同時に「名づけ」が行われることで、まちにはランドマークができあがります。擬食化するかるたづくりでは、橋の欄干擬宝珠（らんかんぎぼし）が「肉まん」に見立てられたり、顔探しでは、ウインクしているように見える建物に「まつ毛ちゃん」という名前がつけられました。そして、ワークショップの後に名づけた場所を待ち合わせに使ったという報告をもらいました。
このようにランドマークづくりのきっかけを提供することがまち歩きあそびの役割としてあり、まちへの愛着を育むことにつながっています。

3つの小石の配置が顔にみえる（ポラロイド写真にペンで加工したもの）

出窓の住宅がウィンクしている顔「まつ毛ちゃん」にみえる

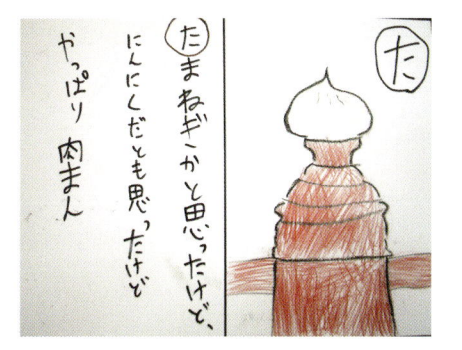

橋の欄干の擬宝珠が肉まんに見える

B. プロセス・デザイン

学生スタッフによる打ち合わせの様子

5

当日までの準備

●企画・運営ワーキンググループについて

この講座では、学生が主体的に企画・運営を行い、4年間4回のまち歩きワークショップを行いました。この項ではワークショップに至るまでのプロセスなどをまとめています。

●年間スケジュール

1年間のスケジュールを下図に示します。3月に学生を主体としたワーキンググループ（以下、WGとする）を立ち上げ、4月よりまち歩きあそびやコミュニケーションゲームなどのプログラムの企画を行いました。6月より町会へのアクセスポイントの依頼や子どもの募集など地域との連携を行い、9月にプレワークショップ、10月下旬に本番を迎えました。講座終了後は、活動の展示やパンフレットを作成し地域へ還元する活動も行いました。

ワークショップの準備要素は下図や下記のとおりですが、地域のネットワークがあらかじめ構築されていて、「かるた」「顔さがし」「まちの楽譜」などの遊びを援用されるだけであれば、WG発足から3か月程度で実施可能な企画です。

できれば時間に余裕をもって半年間の人脈「芋づる」を探し当てていただき、多様な企画の発展を期待しています。

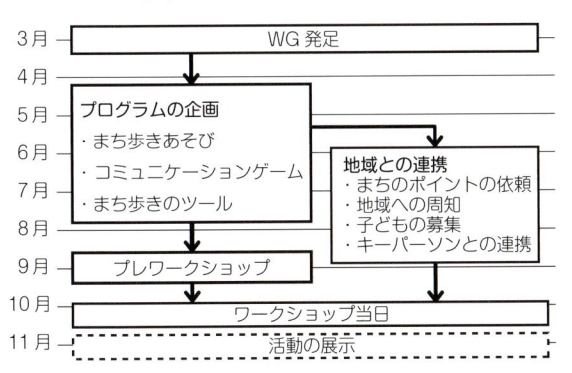

月		
3月	WG発足	
4月		
5月	プログラムの企画	
6月	・まち歩きあそび	地域との連携
7月	・コミュニケーションゲーム	・まちのポイントの依頼
	・まち歩きのツール	・地域への周知
8月		・子どもの募集
		・キーパーソンとの連携
9月	プレワークショップ	
10月	ワークショップ当日	
11月	活動の展示	

●いろいろな大学の学生たちが集うWG

4年間にわたり、13の大学から延べ94名の学生が参加しました。その中で、毎年8名程度が中心となり企画を進めました。WGでは、建築系の学生に限らず、教育系・美術系など分野が異なる学生が集まったことで、それぞれが得意なアイデアを出し合いより充実したプログラムができあがりました。
また企画をまとめる際にはWGのメンバー以外からの意見をもらい、客観的なプログラムの確認を行いました。

●地域との連携

地域との連携は、街のポイントの依頼と地域への周知、子どもの募集、地域のキーパーソンとの関係構築を行いました。
アクセスポイントの依頼は、はじめは自治会長などに協力を依頼し、そこから芋づる式にひとりずつ紹介いただきました。
また、まち歩きを行う地域の回覧板にチラシを入れたり、掲示板での広報を行いました。これは参加者募集だけではなく、地域住民の理解を求めるためにも行っています。より多くの子どもを集めるために、地域の運動会や祭でチラシを配布したり、ラジオや新聞による告知を行いました。

●プレワークショップ

本番当日の動きを確認するために本番1か月前にプレワークショップを行い、コミュニケーションゲームやまち歩きあそびをスタッフだけで実践しました。感覚を表現する「まちの楽譜づくり」では、まち歩きあそびが難しいことが予想されたため、急遽「指令書」を作成し、より楽しく歩ける工夫を増やしました。結局、楽譜づくりの当日には指令書を使わなくても多くの表現が行われましたが、プレワークショップによってたくさんの安心感が得られました。

まち歩きあそびの道具

5

（まち歩きの道具に関する右表と合わせてご参照ください）
アクセスポイント間を楽しく移動するために「まち歩きあそび」を設定しました。特に、参加者が色々な環境に着目したり、まちへの愛着を持つきっかけとなることを目的としています。以下にその視点や方法を整理します。

● まちを捉える視点

普段は通り過ぎてしまう場所をゆっくりと眺めるきっかけとなること、日常的には気がつかなかったまち環境を捉える方法を発見することなどに着目しています。そのためには、見たもの感じたことを表現・記録したり、まち環境を何かに見立てたり、まちの人たちと交流するきっかけをつくったりすることが重要と考え、まち歩きあそびを設定しています。

● まち歩きの道具

まち歩きあそびの中で普段とは違ったまちの捉え方をするためにまち歩き道具を渡しました。測ったりのぞいたりいろんなことを試みる道具を提供すると同時に、その回でのまち歩きあそびを助ける道具、例えば、顔に見立てるゲームの際には顔の輪郭となるような枠のある道具（虫眼鏡、メガホン、木尺など）を提供しました。また、まちの人たちとの交流を促すために配布可能なトイレットペーパーを渡しました（右表「トイレットペーパー」）。トイレットペーパーは広報用のチラシをA3の大きさに引き延ばしたもので包み、まち歩きの宣伝や理解のために出会った人に渡したり、おとぎ話「わらしべ長者」のようにまちの人と物々交換をして（交流した人が要らない）何かをいただいてもいいようにしています。

● 記録の方法と成果物

参加者が歩いた場所を回顧しながらわざわざ製作するのではなく、歩きながら記録していった蓄積が最終的にひとつの「まちの○○」となるような記録方法や成果物を考えながら進めました。年を重ねるごとに、できあがった成果物は次年度の広報活動を支えることがわかり、まとめたパンフレットや展示物として映えることも意識しながら記録方法や成果物を考えました。

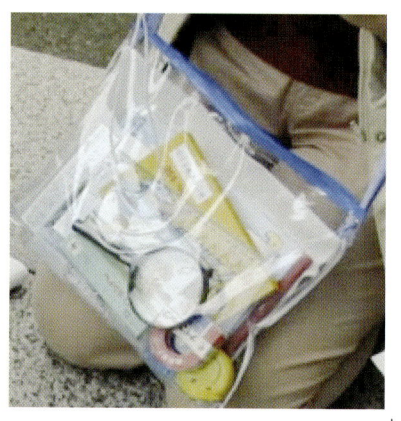

まち歩きの道具の例

● ワークショップの成果物の例

巻き物　　かるた

まち歩きあそびとまち歩きの道具

	「マチトリゲーム」（1年目実施）	「まちの顔さがし」（2年目実施）
まちの見方を提供するツール	【発見】サングラス、鏡、虫眼鏡、メガホン、コンベックス 【記録】ポラロイドカメラ、トレッシングペーパー、フィルムケース	【フレーム】四つ折木尺、虫眼鏡、メガホン 【パーツ】サングラス、鏡、コンベックス、フィルムケース 【記録】ポラロイドカメラ、トレッシングペーパー
まち歩きの仕掛け	・**トイレットペーパー** 　わらしべ長者のわらに見立て、まちの人と物々交換するなど、交流のためのツール。 ・**記録用ケント紙** 　A2サイズ（59.3cm×42cm）。持ち運びや記録しやすいように折り畳んである。 ・**アクセスポイントマップ** 　まち歩きの「アクセスポイント」を記したマップ。地図には、必ず通過しなければいけないポイントが記されており、それ以外のルートは参加者に任せている。一部、時刻が設定してあるアクセスポイントもある。	・**トイレットペーパー**（※） ・**記録用ケント紙**（※） ・**アクセスポイントマップ**（※） ・**テンサイブック** 　細部、色彩、サイズといった10の「サイ」からまち歩きのヒント集。

	「まちの楽譜づくり」（3年目実施）	「まちのかるたづくり」（4年目実施）
まちの見方を提供するツール	【促進】メガホン、虫眼鏡、折れ尺、コンベックス 【遮る】サングラス、手ぬぐい、手袋、耳栓 【表現】ポラロイドカメラ、トレッシングペーパー、フィルムケース、紙粘土、クリップ、ビニール袋	【発見】サングラス、鏡、虫眼鏡、メガホン、折れ尺、コンベックス 【記録】ポラロイドカメラ、トレッシングペーパー、フィルムケース、紙粘土、ビニール袋
まち歩きの仕掛け	・**記録用和紙** 　30cm×180cm ・**手紙** 　感覚を記録するためのヒントが書いてある指令書。封筒に収められており、行き詰った際などに用いる非常用のツール。 ・**アクセスポイントマップ**（※） ・**テンサイブック**（※） ・**佃・月島　下町ずかん** 　長屋や路地など下町にあるものを解説。	・**かるた用ケント紙** 　21cm×14.8cm。最後にハリパネで裏打ちする。 ・**まちの情報地図** 　アクセスポイントマップの内容に加えて、各アクセスポイントの解説を載せた地図。 ・**テンサイブック**（※）

※前年度と同じ

● まち歩きのテンサイ

これは、「まち歩きあそび」でまち環境を捉えるためのヒントとして開発しました。どこのまちで行っても、どんな「まち歩きあそび」を行っても参考となるまちの見方を提供しています。

また、虫眼鏡や木尺など「まち歩きの道具」の利用例としての役割も果たしています。

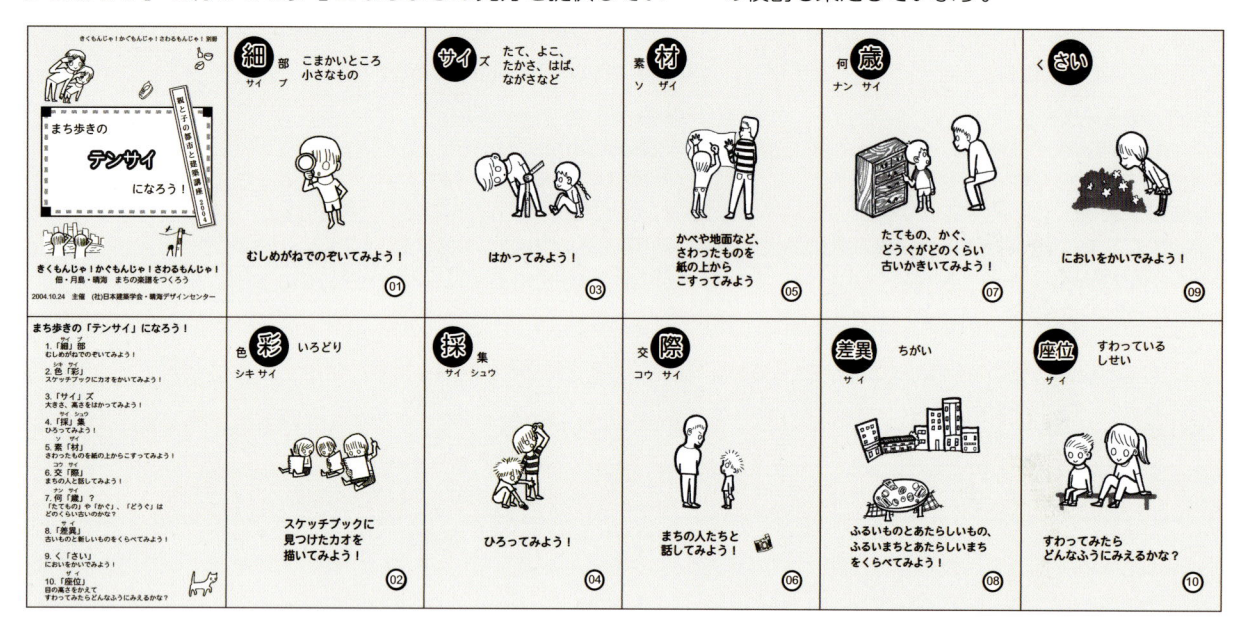

● 下町ずかん

まち歩きの対象としたまちの特徴をつかみやすくするためにピックアップしたものです。「まち歩きあそび」でまちの環境を捉えるためのヒントになったり、歩いたあとで自分のまちと比較をする材料にもなっています。

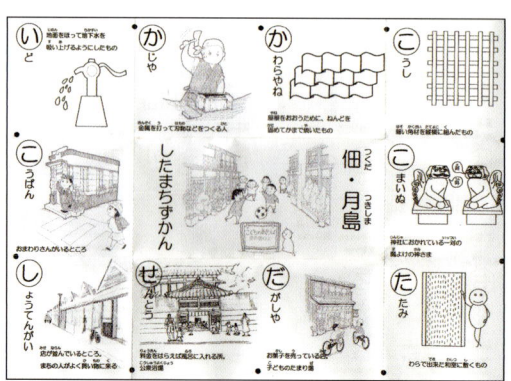

アクセスポイントは、目的地までの最短距離で進まずまちを回遊するきっかけと特別な場所に立ち寄る機会として設定しました。以下に設置の過程を整理します。

● スタート地点の設置とコミュニケーションゲーム

コミュニケーションゲームが行える広さがある場所をスタート地点としました。また、まち歩きでより広い範囲を歩いてもらうために、スタート地点とゴール地点を違う場所にしました。

● アクセスポイントの設置

アクセスポイントは普段は通り過ぎてしまう場所に立ち寄る機会としての役割をもち、同時にゴールへの最短距離で単調に進んでしまうまち歩きを防ぐために設定しています。

● アクセスポイントとまち歩きあそび

アクセスポイントは、目的地もなく回遊するまち歩きあそびに徒歩と立ち止まりのリズムを生み、変化と嗜好性に富んだまち歩きを演出します。また、同時に飽きを防ぐことにもなります。

● アクセスポイントでの協力依頼

新しいポイントを増やすために自治会役員などへのヒアリングや協力依頼を行いながら、公開・訪問させていただきたい場所への依頼も行いました。そして、ポイント数やその位置を踏まえ、訪問の混雑を解消するために訪問時間を設定しました。

これは、同時に訪問される側の負担を分散する役割を果たしたり、訪問をお願いしたのに誰も行かないことを防ぐ役割も果たしています（右表参照）。また、当日朝に風邪などによるキャンセルが発生すると実際の参加人数によってできあがる班の数が異なるため、

1) スタッフと担当する班の表　や
2) 班ごとの訪問先アクセスポイント表

をあらかじめ作成しておき、人数の増減に柔軟に対応できるようにしました。

● 歩いたまちを振り返る場所、まち歩きのまとめや学びの共有ができる場所

高いところからまちを眺めて、歩いた場所を俯瞰し位置関係やルートを振り返りました。また、各班の情報をまとめ、発表会やかるたとり大会を行うことで学びを共有しました。

名前	指定班	指定班以外
住吉神社	集合場所	集合場所
佃島-井戸	終日可	終日可
佃煮屋	午前中のみ	終日可(店先のみ)
駄菓子屋	終日可	終日可
揚げ物屋	10:00〜12:00	終日可(店先のみ)
もんじゃ屋A	13:00より予約	不可
もんじゃ屋B	12:00より予約	不可
畳屋	終日可	終日可
長屋	終日可(玄関先)	終日可(玄関先)
建具屋	終日可(店先のみ)	終日可(店先のみ)
町会事務所	13:00〜14:00	不可
東京木材運輸	14:20厳守！	

アクセスポイントにおける訪問班とその時間に関する情報

模型を俯瞰している様子

まとめ作業の様子

プログラム実施の際、地元にお住まいの志村秀明さん、佃・月島地区のみなさんや晴海デザインセンター（現　住まいづくりナビセンター）の協力があり、地域との連携を円滑に進めることができました。

アクセスポイント

5

広報／参加者の声

参加者には、終了時にアンケートに回答していただきました。ワークショップの情報源をたずねたところ、児童館や学習塾といった子どもが普段行く場所だけではなく、以前子ども関係の企画に参加したことによるDMや小学校でのチラシ配布など、分散していることがわかり、参加者集めの難しさがうかがえました。

また、右のグラフはかるたづくりの感想を分類し、大人と子どもで比較したものです。大人は「地元の人との交流」「東京木材運輸（川で木を管理する作業場）」といったはじめて体験する人的物的な環境の割合が高いのに対し、子どもは「もんじゃ」「かるたとり」などの割合が高くなりました。このことから大人と子どもでは、企画の楽しみ方が異なることがわかりました。ワークショップに参加を促すためには、普段はできない体験をアピールする必要性が確認できました。

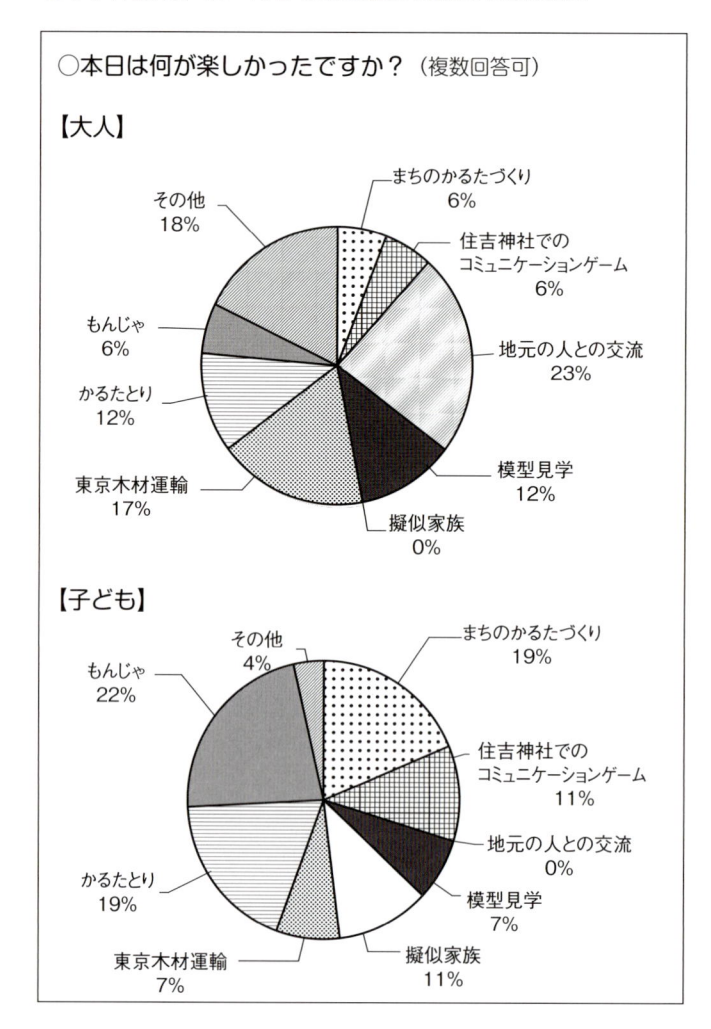

講座の参加者募集チラシ（まちのかるたづくり）

○本日は何が楽しかったですか？（複数回答可）

【大人】
- まちのかるたづくり 6%
- 住吉神社でのコミュニケーションゲーム 6%
- 地元の人との交流 23%
- 模型見学 12%
- 擬似家族 0%
- 東京木材運輸 17%
- かるたとり 12%
- もんじゃ 6%
- その他 18%

【子ども】
- まちのかるたづくり 19%
- 住吉神社でのコミュニケーションゲーム 11%
- 地元の人との交流 0%
- 模型見学 7%
- 擬似家族 11%
- 東京木材運輸 7%
- かるたとり 19%
- もんじゃ 22%
- その他 4%

6

ボクのワタシの秘密基地づくり
竹を使ってセルフビルド

ワークショップをはじめる前に ……132
A. プログラム・デザイン …………134
　プログラムのながれ ……………135
　基地づくりのヒント ……………147
　プログラムのポイント …………148
　タイムスケジュール ……………149

B. プロセス・デザイン ……………150
　当日までの準備 …………………151
　広　報 ……………………………153
　参加者の声 ………………………154

ワークショップをはじめる前に

親子でつくる秘密基地

現代はあらゆるモノが「レディメイド」、既製品です。これは建築も同じです。しかし、かつては住宅も住民自らの力で地場の材料を使ってつくってきました。世界遺産の白川郷では、今でも地域の人々が「結」というまとまりをつくり、地域総出で合掌造りの屋根の葺き替えを行っています。

とはいえ、いきなりセルフビルドで住宅をつくるのは大変。尻込みしてしまいそうですが、ここで紹介するのは、親子でできる1日だけの秘密基地づくりです。森の中で、3次元空間を自らつくりあげる体験と達成感を体感してみよう！というプログラムです。そして、今回主役となる材料は竹です。

「秘密基地」という言葉に、子どもたち以上に大人がワクワク、ドキドキです。

私たちに身近な竹

竹はイネ科タケ亜科に属する多年生常緑草本植物で、大型のものの総称です。一般的には大型のものを「竹」、小型のものを「笹」（ささ）と呼びます。

竹はさまざまな使われ方がされています。食器、茶具、工芸品、楽器、釣竿などなど、身の回りに数多くの竹製品があります。秋田で8月に行われる竿燈まつりの竿燈も、竹で組まれています。昔話としては、竹取物語（かぐや姫）が有名です。

竹が群生する姿はとても美しく、京都の嵯峨野は美しい竹林で有名な観光地です。しかし最近では、繁茂力が強い竹が森を侵食したり、手入れが行き届かない竹林が増えていることが問題にもなっています。

竿燈まつり（秋田）

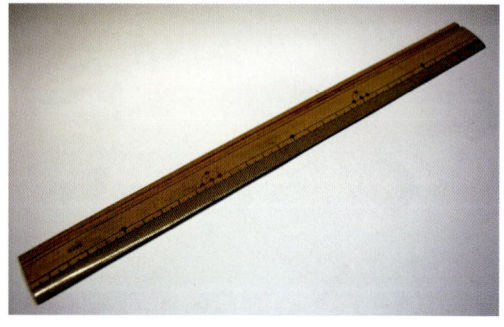

竹製の生活道具（ものさし）

竹と建築

竹は繊維が強いため、建築の材料にも使われています。

日本では木造住宅の塗り壁下地の小舞竹や、床材、天井材など仕上げ材、すだれや竹垣などに使われています。鉄が不足していた時代には、竹筋コンクリートの建物もつくられました。

また弾力性があるために、曲げ加工をすることも容易です。愛知万博（2005年）では長さ90m 幅70m 高さ19mという大きな竹籠のようなパビリオンがつくられました。日本の庭園においても竹林は重要な景観要素になっています。日本画、水墨画のモチーフとしてもしばしば用いられています。

アジアの国々でも竹は貴重な天然資源です。ミャンマーの水上バンブーハウスは竹で建物自体をつくっています。中国や香港など東南アジアでは、建築工事現場の足場に竹が使われてきました。

木材にないしなやかさと強さをもつ竹は、想像以上に使いやすい材料なのです。

響きあう森と建築

今回は、大学キャンパスの中の雑木林が秘密基地の制作会場です。傾斜の緩急、さまざまな樹木の種類・形、日差しの落ち方、風の通り方など、森は均一な空間ではありません。傾斜がきついところでは、安定した床面が欲しくなります。少々の雨は木々の葉が傘の代わりをしてくれますが、その分少し暗い場所になります。

木には針葉樹と広葉樹があります。枝の少なくまっすぐに伸びる針葉樹は幹を柱のように活用できます。広葉樹のように幹や枝の形に特徴がある樹木は、その形が活用できます。

こんな森の中の住まいってないのでしょうか？

もちろんありますよ。生きている樹木そのものを土台にしてつくる住まいを「ツリーハウス」といいます。樹木の上から見える普段とは違う視界、風になびく木々の音、鳥や虫たちの声、森のにおい。この森や樹木と住まいが響きあうような関係が最大の魅力といえます

この秘密基地づくりを通して、住まいとまわりの環境との関係を、考えてみませんか。

竹籠のような建物（愛知万博の日本館）

樹上の家「ツリーハウス」（塩釜市）

A. プログラム・デザイン

大学キャンパスの森の中で

6

秘密基地づくりのはじまり

受付の後、キャンパスの森に歩いて移動しました。到着するとスタッフから説明と注意があり、いよいよ秘密基地づくりの1日がはじまりました。制作のためにグループに分かれました。2～3家族と学生スタッフでひとつのグループです。まずは材料の調達です。秘密基地の主材料である竹をお父さんと一緒に子どもたちも運びます。本当は竹の伐採からはじめたかったのですが、制作時間が1日なので、あらかじめ学生スタッフが直径約10cmの竹150本を切り出しておきました。

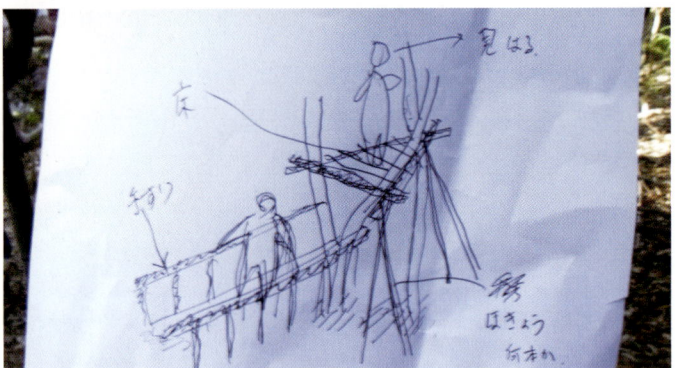

作戦会議

自己紹介をして少し打ち解けたあと、参加者それぞれにつくりたい基地のイメージをスケッチしてもらいました。親子のグループはそれぞれのスケッチを見せ合って、共通点や面白いアイデアなどを確かめ合っています。ここで案をひとつにまとめる必要はありません。また、このスケッチどおりにつくられなくても大丈夫！ どんな秘密基地をつくりたいと思っているのかをお互いに知ることで、以後の制作やコミュニケーションがスムーズになります。

グループでつくりながらでき栄えを見て考え直して、一緒につくり変えたり付け足すことも、秘密基地づくりの大事なところなのです。

地形を読む

森の特徴のひとつは傾斜した、でも柔らか地面があることです。傾斜は急なところもあれば、緩やかなところがあります。地形の読み取りは、秘密基地づくりの第一歩です。
傾斜した地面は、雨露をしのぐシェルター（隠れ家）としての秘密基地をつくるのに重要な要素です。また落ち葉や腐葉土で柔らかな地面は天然マットです。

斜面でもあるので、子どもたちもずいぶんスッテンコロリン！と転んでいましたが、泣き出す子や大きな怪我をした子はいませんでした。

樹木を柱に、基礎に

森には太い木、細い木、高い木、低い木などいろいろな木があります。これを使わない手はありません。ですから、どの木を使うかはとても重要で、そのことに気づいたグループは、寄りかかるなどして使えそうな木をさがしていました。

高い場所での作業では、お父さんたちが竹を差しかけ、仮留めします。お母さんや子どもたちは下から竹を支えたり、麻ひもを渡したりと、後方支援です。協働作業の中で役割分担が生まれてきました。

差し掛ける、もたれ掛ける、くくりつける。特別な指示や説明はありませんが、木の幹や枝が立派な構造体になっていく様子を、子どもたちは身をもって理解していきます。

このグループは、3本の樹木を柱のように利用してつくろうとしています。この三角形は屋根でしょうか、床でしょうか？

これは3本、ないしは4本の柱を上部で結んで、ピラミッド状の形をつくり、そこに床をつくる方法です。頂部を見てください。放置されていたタイヤの内側に竹を差し込むことで、4本の竹が開くのを抑えています。

では、4本の竹はどこで地面と固定されているのでしょう。答えは、まわりの4本の木の根元にあります。根元に竹を突き刺すかたちで固定しています。建物でいう基礎の役割を木がしていたのです。

のこぎりの扱いやひもの結び方

竹はのこぎりで切り、ロープや麻ひもで連結します。
のこぎりを使ったことのある子どもはやはり少なかったようで、1本の竹を切るのにも悪戦苦闘。のこぎりがねじ曲がって前後にうまく押し引きできなかったり、指を切りそうな持ち方をしていたりなど、見ている大人がヒヤヒヤ、ハラハラする場面も。それでもお父さんやスタッフの指導もあって、何とか怪我なくできました。

ひもの結び方は大人も一苦労でした。なごや東山の森づくりの会の方々の指導、協力を得て練習しました。でも、そう簡単にはできませんでした。一生懸命ぐるぐる巻いたのに、すっぽり抜けてしまったケースも。
それでも試行錯誤を繰り返したり、また簡易な方法も教えてもらいながら何とか留めることができました。

ひとつひとつつくっていく

セルフビルドですから、いきなりできあがるわけではありません。まず体を支える床ができ、そこに上がって、次の床や屋根をつくります。

また、重機やクレーン車もありません。自分の体と力だけが頼りです。持てる大きさ・重さ、手の届く高さという自分の体の大きさや能力が基本になります。

時には秘密基地をつくるための小道具も必要になります。その代表ははしごです。

差し掛けられた竹や仮の床の上に登るのは、体重の軽い子どもたちです。お父さんたちの下からの指示に従って、竹同士や竹と樹木をひもで結び付けていますが、自分を支える竹もユラユラしていて、なかなか上手く縛ることができません。見かねて、「では私が！」と勇んで登るお母さんも。

でも、つくっている段階では、登るより降りるほうが怖いんですよ。

つくって遊ぼう

親子でつくっていたのは、シェルターや見晴らし台のような形をした秘密基地だけではありません。遊具をつくることも条件のひとつにしましたので、多くのグループが遊び道具をつくっていました。その代表はブランコです。

大人が乗ると壊れそうで心配ですが、子どもたちなら大丈夫。公園にある鉄製のブランコほどは揺らせませんが、お手製のブランコをおっかなびっくり揺らすのも醍醐味です。

また、秘密基地の制作に夢中になっているお父さんやスタッフの横で、竹で何やらつくりはじめたお母さんや子どもたちがいます。秘密基地の看板や飾りつけでした。中にはお昼ご飯のための湯飲みを、竹でつくっているグループもありました。

素材を生かして

もうひとつ多かった遊具はすべり台。丸くてすべりやすい竹の特徴を生かしています。ここでは斜面を利用して、すべり台とブランコをつくっています。別のグループのすべり台には、子どもが順番待ちしています。

最初はぎこちなかったグループの動きやコミュニケーションも、少しずつできあがるにつれて、円滑になってきました。お父さん同士がどういうかたちにしようかと相談している横で、待ちきれない子どもたちが遊びはじめました。

森の中での浮遊感

さらにしばらくすると大きな歓声が聞こえてきました！　秘密基地の上から垂らしたロープでターザンごっこがはじまったのです。これには子どもたち全員が反応して、順番待ちの列ができました。

お父さんやスタッフに放り投げてもらって、森の中で空中遊泳です。この浮遊感やめまいをはじめて体験した子どもも少なくなかったようです。浮遊感といえばハンモックも大人気。麻布をひもで引っ張り、2本の木で支えているという簡単なハンモック。ハンモックに揺られて眺める木々の揺らめきの中では、時間や場所を忘れてしまいます。

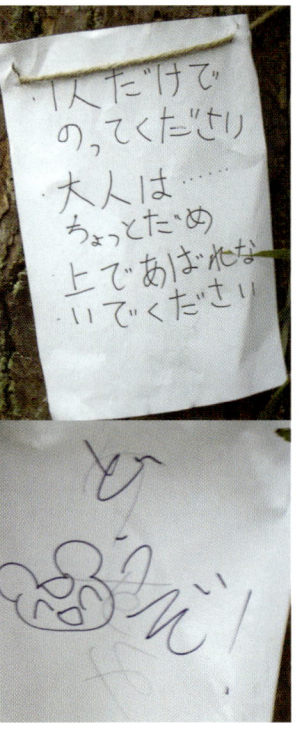

小さなツリーハウス

各グループの秘密基地がだいぶできあがってきました。最初は2階建てだったのがさらに上に伸びて、3階建てになったグループも。
1本の木の二股になった幹を利用してつくった物見台で、ハイ、ポーズ。視界だけでなく、地上とは違う光、風、音、においに包まれた、即席のツリーハウスです。ツリーハウスとは、生えている木を頼りにしてつくられた建物のことです。

子どもたち自慢の「秘密基地」。中には秘密基地の入口に、こんな注意書きが貼られていました。
自分たちでつくってきたことで、愛着や自慢したい気持ちが生まれてきました。

いよいよ完成

日も暮れはじめ、いよいよ完成間近とともに終わりの時間が近づいてきました。大人たちの顔にはやれやれという表情も。子どもたちは自分の秘密基地だけでなく、ほかの秘密基地にも出かけて、遊びはじめました。ブランコ、すべり台などをつくって遊ぶ。1日だけのプレーパークのようです。
地面から浮いた大きな床に、大の字になって寝転ぶ子どもも。木々のさざなみ、木漏れ日、通り抜ける風など、普段見ることのない風景を目にし、体感したことでしょう。

最後にグループを代表して、子どもたちが自分の秘密基地を紹介しました。堂々と大きな声で、まるで自分がつくったかのように話す子もいれば、前に出てくるのもできない恥ずかしがり屋もいました。それでも、自分の気に入っているところを話すときには、みんな大きな声になっていました。
この秘密基地は数日開放され、親子で再び訪れる光景が見られました。

基地づくりのヒント

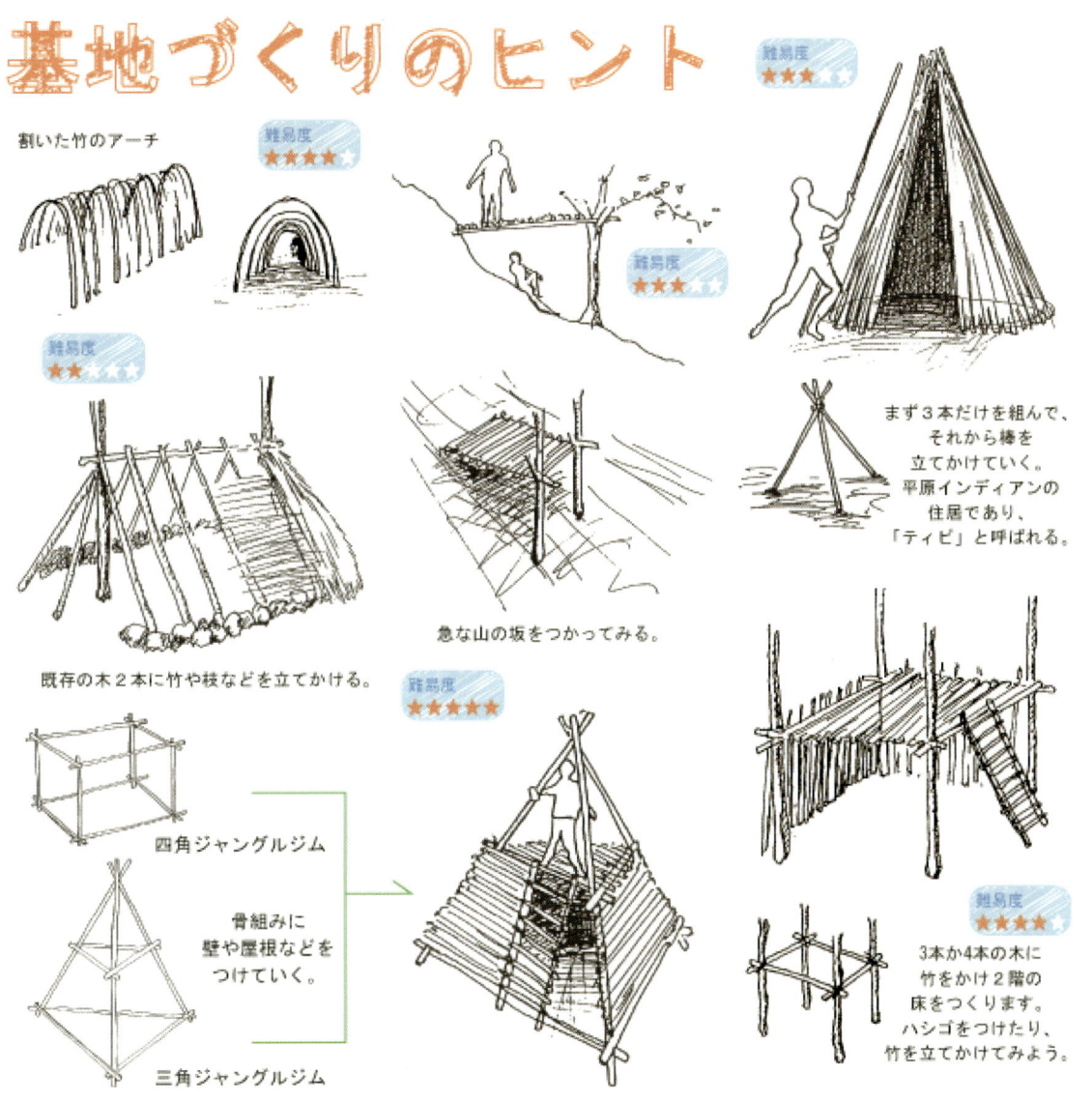

割いた竹のアーチ

難易度 ★★★★☆

難易度 ★★★☆☆

難易度 ★★★☆☆

まず3本だけを組んで、それから棒を立てかけていく。平原インディアンの住居であり、「ティピ」と呼ばれる。

難易度 ★★☆☆☆

急な山の坂をつかってみる。

既存の木2本に竹や枝などを立てかける。

四角ジャングルジム

骨組みに壁や屋根などをつけていく。

三角ジャングルジム

難易度 ★★★★★

難易度 ★★★★☆

3本か4本の木に竹をかけ2階の床をつくります。ハシゴをつけたり、竹を立てかけてみよう。

ワークショップ当日に参加した親子に配布したパンフレットより抜粋
（イラスト提供：大角正樹）

基地づくりのヒント

6

プログラムのポイント

このワークショップは、頭と体を総動員してつくり、遊ぶ。まさに体感的なワークショップです。そのプログラムを検討するうえでのポイントを具体的に整理します。

①会場は大学キャンパスの中の谷筋の雑木林。雑木林は多様な空間要素から成り立っています。地形や樹木の形を見て制作場所を選び、どんなかたちの秘密基地をつくるかを考えます。そこでどんな風景に出会えるかも大事なことです。
②使用する素材は、竹や麻ひもなどの自然素材のみ。ひもの結び方を学び、力の流れを感じながら竹を組み、どうしたら人が載っても壊れないか。そしてどうしたら美しい秘密基地になるか。つくりながら考えます。
③完成したら、子どもたちが遊べる秘密基地をつくること。
④参加した複数の親子がひとつのグループになって制作を行います。親子、子どもたち、そして家族間でのコミュニケーションが重要なポイント。さらに、各グループの学生スタッフのさまざまなサポートが出来を左右するかもしれません。

朝、キャンパス内の地下鉄駅出口の横で受付。到着した順に名札を渡して名前を書いてもらい、スタッフと顔合わせです。メンバーがそろったグループから、スタッフと一緒に会場へ移動します。どんな場所でどんな仲間と秘密基地をつくるのか。みんなワクワク、ドキドキです。

開会式では、スタッフが一日の予定やトイレの場所の説明、安全のための注意を伝えました。続いて、竹を麻ひもで留める結び方がレクチャーされました。

制作時間は約4時間。途中昼食をはさみますが、昼食時にはほとんどのグループでメンバー同士が打ち解けた雰囲気になっています。

最後は子どもたちによる秘密基地の自慢発表。そして参加者全員で後片づけをして、一日が終わります。

タイムスケジュール

1．受付・集合　　　　　　　　(9:00 − 9:45)
集合場所はキャンパス内の地下鉄駅出口。
受付時に、あらかじめ決めておいた所属グループも参加親子に伝えました。集合したら、会場へ移動。

2．開会式　　　　　　　　　　(9:45 − 10:15)
一日の予定や注意事項、トイレの場所の説明。また、ひもで竹を固定する方法のレクチャーを受けました。

3．自己紹介・作戦会議　　　　(10:15 − 10:30)
グループに分かれて自己紹介。アイスブレイクとして親が子を、子が親を紹介する年も。次に、どんな秘密基地をつくろうかと作戦を練ります。

4．制作　　　　　　　　　　　(10:30 − 14:30)
制作場所を決め、材料を運んで制作開始。
適宜、昼食の時間をとる。

5．自由時間　　　　　　　　　(14:30 − 15:30)
発表会前の約1時間は、ほかのグループが製作した秘密基地をめぐって遊びます。

6．発表と講評、後片づけ　　　(15:30 − 16:30)
子どもたちがマイクを持って発表。
終了後は、全員で切りくずやごみを収集。
秘密基地は数日間そのまま保管し、後日撤収しました。

B. プロセス・デザイン

ワークショップ当日朝の最終確認

6

体　　制

名古屋大学と名古屋市立大学の建築系の院生、学部生を中心に、周辺大学の有志が集まり、学生たちによるアイデア出しと運営を基本にして実施しました。また、この企画は名古屋市千種区のまちづくり事業「文教地域の学習環境づくり」の一環として実施されました。また、会場となるキャンパスの森は、平和公園や東山動植物園の緑地帯からなる「東山の森」と隣接しているため、なごや東山の森づくりの会（代表：滝川正子氏）にも協力いただきました。

会　　場

70haの広さがある名古屋大学東山キャンパスの東半分（30ha）は、風致地区指定がされており、大学と市の協議により、緑被率（敷地面積に対して緑地が被う比率）を45％確保することが求められています。よって、多くの樹木が保たれています。その中の谷筋の雑木林が、今回のワークショップの会場に選ばれました。

なごや東山の森づくりの会のメンバーからひもの結び方の指導を受ける

野依良治先生のノーベル賞受賞を記念した建物が完成した2003年から、市民の関心が名大キャンパスに集まり、今回のワークショップ実施団体（子ども建築研究会）によって、キャンパスの建物探訪や緑の観察会が行われてきました。

当日までの準備（2006年の場合）

●企画実施の決定（6か月前）

昨年に引き続き、このWS企画を実施するかどうかを検討。昨年の参加者は10組でしたが、参加者の反応はよかったので今年も開催することを決定。開催日も11月の土曜日（雨天延期の場合は2週間後の土曜日）としました。

●募集用広報の準備（3～4か月前）

名古屋市の広報誌への参加者募集原稿を入稿。開催日まで4か月ありますが、区の事業でもあるため、広く募集をかける必要がありました。11月開催ですが、10月発行の市の広報誌に掲載するために、企画の大枠を決めて原稿を入稿しました。

●具体的な実施内容の検討（2か月前）

WSの内容や準備すべきことを具体的に検討開始。
・竹の切り出しの日時、切り出す量
・当日、終了後のプログラム
・終了後の竹の処分方法、解体の日時
・参加者への事前連絡の必要性の有無
・予算、人員などの確認
・なごや東山森づくりの会へ協力要請（昨年に引き続き）
昨年、道具（のこぎり、なたなど）の貸し出しや技術的指導のため、なごや東山の森づくりの会に参加を要請しましたが、

今年もお願いすることに。2年目ということもあり、メールのやり取りで快諾を得ることができました。

●関係者との調整（1か月前）
・キャンパスの森の中の竹の状況確認
・市の広報誌が各戸に配布され、区役所で募集受付開始
　ところが、開始後15分間で定員の20組を満たす申し込みがあり、その後はお断りすることに。区役所の担当者曰く「周辺の小学校にも配布したことが功を奏したかも」。
・大学の環境管理室に企画概要の説明と協力の依頼。
　大学の雑木林を管理している部署である環境管理室に、改めてWSの企画の説明と協力要請を行いました。繁茂する竹の伐採を兼ねた企画を快諾してくださいました。
・スタッフ打合せ
　保護者・子どもともに30名を超えることになり、当日のプログラムを注意深く整理し、検討することに。1日の時間の流れと内容、必要なもの、スタッフの対応を整理し、注意事項をピックアップしました。

●開催に向けた最終準備（1週間前）
・竹の切り出し
　道具は環境管理室より借りて、1日がかりでキャンパスに繁茂する竹200本を切り、枝葉を落とす作業をしました。WS終了後、このうち程度のよい100本は保管しました。今回は、竹の伐採場所とWSの開催場所が少し離れているので、伐採した竹を運び入れるのにも一苦労。この準備作業中に、会場にスズメバチが発見された。大急ぎでハチ対策を調べ、また万が一の場合の対処法を確認しました。
・買出し、道具・材料の整理など

●直前のスタッフ打ち合わせ
開催日直前に、スタッフの割り振りや1日の各時間帯、各作業で何が必要か、確認しました。企画の性格上、リハーサル（プレワークショップ）ができないので、1日のスケジュールと起きうる問題を想像しながら、スタッフ同士で確認しあいました。ここで、昨年の経験者の意見は貴重。基本的に同じ内容のワークショップを継続するなかで、スタッフの間にワークショップのノウハウ、留意すべき点が継承されます。ワークショップを積み重ねる意義は、内容の検証・改善だけでなく、知識やノウハウの継承という点にもあります。

●ワークショップ終了後
・会場後片付け
　WS当日に会場の後片づけをすることは時間的に難しいため、許可を得て、竹の後片付けなどは後日に行いました。それにより、つくった秘密基地をすぐ壊すのではなく、1日遊べるように置いておくことができました。WS翌日も親子で遊びに来ている姿が見られました。
・環境管理室、なごや東山森づくりの会へお礼
　開催に協力いただいた関係者に、道具の返却とお礼のあいさつに出向きました。

スタッフによる竹の切り出し（WS一週間前）

広　報

参加親子の募集方法はいつも頭を悩ませます。

まず、企画の名称は重要です。内容を簡潔に伝え、参加してみたいなぁと気持ちをかきたてる魅力的なタイトルが必要です。この企画については、「秘密基地」という言葉に惹かれて参加したという声をよく聞きます。

また、子どもよりも大人が企画の情報を目にして参加を決める場合が多いので、主催者名、内容の簡単な説明、時間や必要な持参物など、安心して参加できると理解できる情報が必要です。

次に、行政や地域団体との連携も重要です。地域関係団体との折衝などもスムーズになります。この企画は、名古屋市千種区のまちづくり事業「文教地域の学習環境づくり」の一環として実施されました。千種区のまちづくり事業に関係する縁で、なごや東山の森づくりの会の方々ともつながり、企画への協力が得られました。

この地域的な連携は、企画の周知方法にも効を奏します。行政のもつ広報ネットワークは、地域に浸透しています。ホームページは広く関心を持ってもらえる可能性もあり、市外から申し込んだ親子もいました。

さらに、前回の参加者や関連の企画の参加者への案内も効果的です。友達や知り合いの家族と一緒なら、はじめてでも安心して参加できます。

広報誌に掲載されたWSの開催告知

保護者

1. 参加してどんな点が面白かったですか？

キャンパスの森での活動について
・暗くて気味が悪いと思っていた雑木林の中で1日中遊んで楽しかった。
・できあがった基地の上で寝ころんで空を見上げたとき、雑木林の新しい楽しみ方を見つけたようでうれしかった。

秘密基地づくりに挑戦した点
・本当に「秘密基地」ができあがったこと。つくれるとは思っていませんでした。
・工作ではなく、建築のスケールであったこと。
・思っていたようにつくれなかったり、逆にどんどん形が変わっていきつつも思っていた以上に素晴らしいものがつくれた。
・竹や麻ひもを使って、すべり台やブランコ、ハンモックをつくってしまった！
・建築を学んでいる方の専門知識をお借りして、素人＋αの作品がつくれた。
・自然の中で自由な発想、行動が可能であったことと、自分にない発想、方法を目の前で見ることができた。

親としての感想
・親はみんな子供たちを喜ばせよう、「すごい」と言わせようと必死でした。
・娘が楽しそうに竹を切っているのを見て、こんな一面もあるのかと発見。学校の工作とかは苦手らしいんですけどね。
・子どもたちのいつもにない笑顔に親も大満足。
・家族で参加したのにあわせて、はじめて出会った家族との共同作業だったこと。
・皆で自由に考えてやるのは大変でしたが、楽しかった。

2. 何に苦労されましたか？

制作について
・ひもがもう少し欲しかった。
・細いひもは遊具をつくるには不向きでした。
・竹を切るとか掘るとか、ひもをしばるといった作業って、意外と力が必要で、苦労しましたが、楽しく作業できた。
・ひもの結び方など、スタッフや同じグループの人がしっかり行ってくれたので、助かりました。
・イメージどおりにつくること。
・日ごろの運動不足のため、体力的にきつかった。

コミュニケーションのとり方
・中心となって作業してくださった方が寡黙で、今何をどうつくろうとしているのかよくわからず、ちょっと困った。

- 建築学科の方の手際のよさに、思わず尊敬のまなざしを向けてしまいました。

子どもたちのこと
- 子どもたちの安全確保。
- 子どもを主体にすること。子どもたちは基地づくりよりも、遊具づくりを楽しんでいた。

3．次回やってみたいことは何ですか？

- もっと大きな基地にしたい。
- 子供にもっと作業をさせたい。
- たくさんの遊具をつくりたいし、子どもたちを遊ばせたい。
- 雑木林にすむ生き物や植物を紹介してもらいたい。
- あらかじめ、いくつかのヒントと簡単なレシピのようなものがあると、いろいろなものに挑戦できそうな気がします。

子どもたち

この基地づくりをやってみて、「できるようになったこと」「発見したこと」をおしえてください

- のこぎりで竹を切れるようになった。
- 竹とひもで家をつくれるのをはっけん！
- ひもでものをむすべるようになりました。
- 自分たちでアイデアが出せて、「ああ、こんなこともできるんだな」と思えて本当によかった。
- いつもは使えない道具を使えたので、楽しかった。
- 竹を切るとき、軽くやるといいといわれ、やってみると本当に切ることができました。
- 結び方が大切なこと。しっかり結ばないと壊れてしまう。
- 竹を使って、本当に秘密基地をつくれる！ということ。

秘密基地の飾り付けをつくる親子もいました

学生スタッフによる豚汁タイム！
ちょっと手を休め、一息入れる時間になりました

おわりに

本書は、日本建築学会が主催するワークショップ「親と子の都市と建築講座」を担当する子ども教育事業委員会内 編著委員会において、数年にわたって議論を重ねて、とりまとめたものです。

「親と子の都市と建築講座」は1991年より継続的に開催され、100以上のプログラムが蓄積されています。この講座の活動を紹介するウェブサイト「空間・環境チャレンジ講座『楽々建築・楽々都市』」(http://news-sv.aij.or.jp/kodomo/index.html) を2000年に開設しました。

2003年から新たなプログラムの開発を目指して検討をはじめました。あわせて、次世代を担うファシリテーターの育成を重視し、学生を積極的に受け入れて、企画・運営に参画してもらうようにしました。本講座に参画した学生たちのなかから、専門家としてワークショップに関わる人材も育ってきました。

プログラムの開発には、専門家から学生までさまざまな人が関わり、膨大な時間を費やしてアイデアを出しました。その様子は本書の「プロセス・デザイン」で紹介したとおりです。本書を編著するにあたり、子どもを対象として建築・都市や空間・環境に関するワークショップを企画する際に役に立つ情報をわかりやすく提供することを心がけました。本会会員をはじめ、建築界の方々や小中学校、行政などが、本書をうまく活用して、さまざまな場所で充実したワークショップを実施されることを願っています。

日本建築学会　子ども教育事業委員会
編著委員会

ワークショップ主要スタッフ一覧

第2章　講師　　遠藤　勝勧
　　　　　　　　村上美奈子
　　　　　　　　仲　　綾子
　　　　　　　　伊藤　泰彦
　　　　　　　　星野　　諭
　　　　　　　　前田　薫子
　　　　　　　　垣野　義典
　　　　　　　　宮元　三恵
　　　　　　　　藤岡　泰寛

第3章　講師　　梅干野　晃
　　　　　　　　村上美奈子
　　　　　　　　伊藤　泰彦
　　　　　　　　谷口　　新
　　　　　　　　藤岡　泰寛
　　　　　　　　小高　典子
　　　　　　　　中田　　弾
　　　　　　　　田中　稲子

第4章　講師　　陣内　秀信
　　　　講師　　浦井　祥子
　　　　　　　　西河　哲也
　　　　　　　　杉田　早苗
　　　　　　　　岩井　桃子
　　　　　　　　根岸　博之
　　　　　　　　髙田　孝雄

第5章　　　　　佐藤　将之
　　　　　　　　佐々木俊太
　　　　　　　　土肥　千絵
　　　　　　　　谷口　隆二
　　　　　　　　西本　　悠
　　　　　　　　田内　滋人
　　　　　　　　有田　梨紗
　　　　　　　　黒嶋　崇紘
　　　　　　　　斎藤有里恵
　　　　　　　　石川　康貴
　　　　　　　　足名　伸介
　　　　　　　　山口　邦子
　　　　　　　　浅井　　薫
　　　　　　　　内藤　磨紀
　　　　　　　　藤本　ふみ
　　　　　　　　宮地　紋子
　　　　　　　　垣野　義典
　　　　　　　　中川　　匠
　　　　　　　　浅井　　薫
　　　　　　　　池田　良子

第6章　　　　　小松　　尚
　　　　　　　　鈴木　賢一
　　　　　　　　子ども建築研究会
　　　　　　　　名古屋市千種区まちづくり推進室

本書の出版は、「親と子の都市と建築講座プログラム普及事業」の一環として行いました。なお、出版にあたっては、㈶建築技術教育普及センターの普及事業助成を一部受けております。

楽々建築・楽々都市
"すまい・まち・地球" 自分との関係を見つけるワークショップ

定価はカバーに表示してあります。

2011年3月1日　1版1刷発行　　　　　　　　ISBN 978-4-7655-2550-3 C3052

編　者	社団法人　日本建築学会
発行者	長　　滋　彦
発行所	技報堂出版株式会社

〒101-0051
東京都千代田区神田神保町1-2-5
電　話　営　業　(03) (5217) 0885
　　　　編　集　(03) (5217) 0881
　　　　FAX　(03) (5217) 0886
振替口座　00140-4-10
http://gihodobooks.jp/

日本書籍出版協会会員
自然科学書協会会員
工学書協会会員
土木・建築書協会会員

Printed in Japan

©Architectural Institute of Japan, 2011　　装幀　ナカタンアトリエ　　印刷・製本　昭和情報プロセス

落丁・乱丁はお取り替えいたします。
本書の無断複写は、著作権法上での例外を除き、禁じられています。